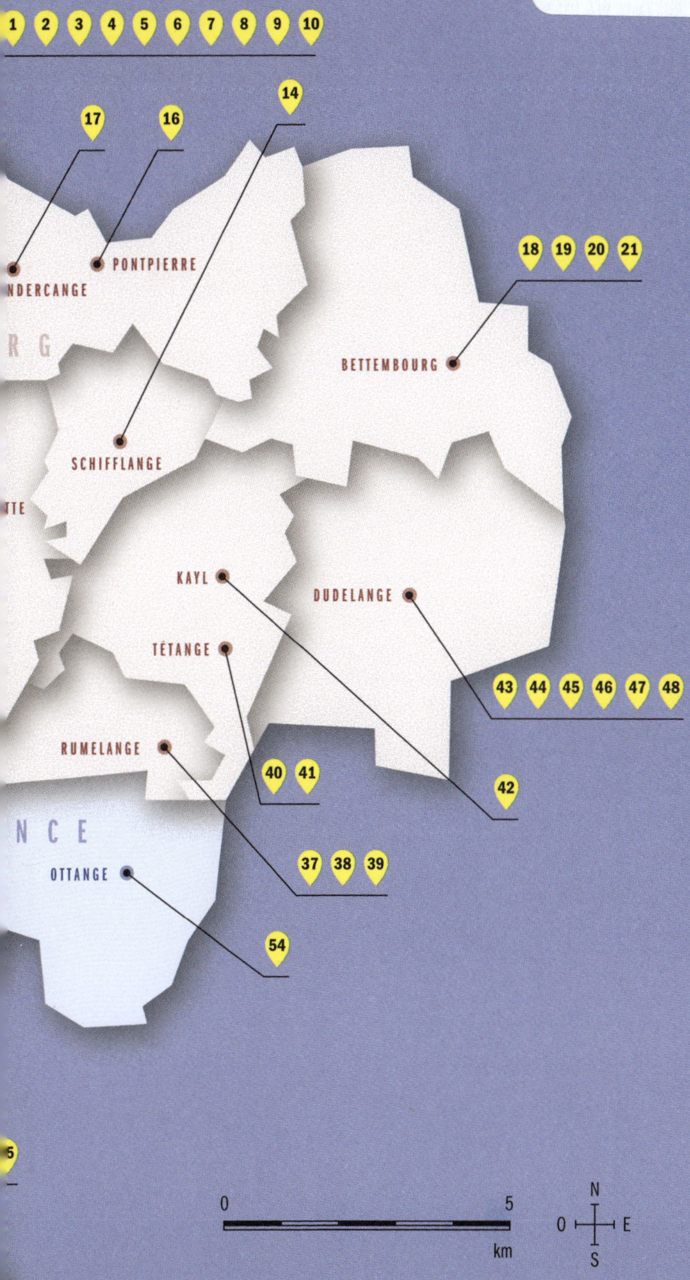

1 2 3 4 5 6 7 8 9 10
17
16
14
PONTPIERRE
NDERCANGE
R G
18 19 20 21
BETTEMBOURG
SCHIFFLANGE
TTE
KAYL
DUDELANGE
TÉTANGE
43 44 45 46 47 48
RUMELANGE
40 41
42
N C E
OTTANGE
37 38 39
54
5
0
5
km
N
O
E
S

MINETT

UNE INCURSION DANS LE SUD DU LUXEMBOURG & LA FRANCE VOISINE

DIRECTION DE LA PUBLICATION : CAPITALE EUROPÉENNE DE LA CULTURE 2022 A.S.B.L.
MAISON D'ÉDITION : ÉDITIONS GUY BINSFELD

BIENVENUE AU PAYS DES TERRES ROUGES. CRÉÉ À PARTIR DU FEU, DE LA PIERRE ET DES ÉTINCELLES.

Le sud du Luxembourg est appelé Minett, berceau de l'ère industrielle du pays. Sa particularité ? Un sol de couleur rouge, imprégné de minette, autre nom du minerai de fer. Le minerai était autrefois extrait ici à grande échelle. Non seulement au Luxembourg, mais aussi de l'autre côté de la frontière, en France voisine. Une région à l'image d'un creuset, dont les cultures sont soudées par une histoire commune. Fouiller et excaver quelque peu a toujours valu la peine ici. La sillonner permet de dénicher certains trésors : sans précédent, tout en créativité, vibrants, grandissants.

SOMMAIRE

QUAND LE CHANGEMENT RÉSIDE DANS LA NATURE

Rendez-vous au pays des Terres Rouges, là où le sud et le nord se rencontrent.
Où les rails relient l'histoire et l'avenir.
Le passé et le futur s'unissent dans la danse éternelle du changement.

C'est ainsi que débutent les histoires accrocheuses. Celles qui comptent de nombreux chapitres. La culture ? Ici, c'est un mode de vie. Elle est à l'origine de valeurs, de relations et de changement. Dans une région en transformation. Entre haut fourneau et université, aciérie et think tank. En chemin, de nombreux souvenirs resurgissent. Impressions. Renouveaux. Le remix des changements d'époque. Outre le titre de Capitale européenne de la culture en 2022, la région est, depuis 2020, officiellement inscrite au programme de l'UNESCO « Man and the Biosphere ». Elle rejoint donc un prestigieux réseau international de plus de 700 réserves de biosphère dans plus de 100 pays. Comme son nom l'indique, l'objectif est ici d'associer nature, culture et activité humaine. Sur les traces des changements qui s'opèrent dans la région, protection de la nature et perspectives du développement durable se rejoignent.

Ancrage.

« Biergleit fréi op, ruffe Gléck op. » Aujourd'hui, les anciens chants des mineurs ne résonnent dans les rues que le jour de la Sainte-Barbe, en décembre. Les célébrations en l'honneur de la Sainte Patronne des mineurs rappellent l'héritage que les gens d'ici portent au plus profond d'eux-mêmes : le dur labeur, la camaraderie qui les soude et la fierté de ce qu'ils ont accompli. Les riches gisements de minerai étaient déjà exploités par les Celtes il y a 2 000 ans. Mais à partir de la fin du XIXe siècle, les gisements de la « Minette » deviennent le centre d'intérêt. Au cœur de l'attention. L'industrie sidérurgique palpite au gré des martèlements. Les silhouettes des hauts fourneaux deviennent alors les repères d'une nouvelle ère. La suie, la sueur, la poussière et la chaleur deviennent les ingrédients du boom économique.

Diversité et multiculturalisme.

Le développement de l'industrie nécessite toujours plus de travailleurs. C'est ainsi qu'il n'y a guère de famille dans le Minett qui ne se transmette pas au moins une recette secrète de pâtes. En effet, la région accueille un très grand nombre de personnes, notamment d'Italie, pour travailler dans les fonderies et les mines. Aujourd'hui, plus de 120 nationalités cohabitent dans la région. La proximité étroite avec la France et la Belgique a toujours été une évidence. Les possibilités n'ont pas de frontière. Une richesse culturelle que l'on peut découvrir à chaque instant dans l'architecture, la littérature, l'art et la cuisine.

Frémissement.

La crise de l'acier fait rage à partir de 1975. La dernière mine ferme dans les années 1980. Une région entière est confrontée aux questions suivantes : que va-t-il se passer ensuite ? Quelle nouvelle âme peut émerger, au vu du passé ? À partir du passé ? Le mot « changement structurel » plane au-dessus des cheminées et des convoyeurs, s'insinuant de manière menaçante dans les cœurs. Le silence succède aux sifflements, gémissements et cliquetis incessants. Une longue expiration.

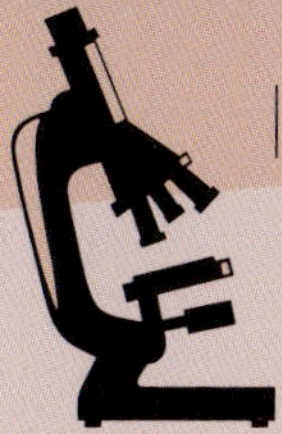

Environnement prometteur et pleine croissance.

Tout changement suppose une transformation. Une métamorphose. Qui est une experte reconnue en la matière ? La nature. En effet, elle recouvre de son tapis vert les surfaces d'exploitation à ciel ouvert auparavant dénudées, créant des paradis dans un paysage martien. La plus ancienne et la plus grande réserve naturelle du Luxembourg ? Dans cette région particulièrement, l'homme a façonné le paysage pendant des décennies. Aujourd'hui, le Minett se caractérise par une verdure impressionnante, d'innombrables sentiers de randonnée et de cyclisme sillonnant la région.

Repères.

Plus de 600 hectares de friches industrielles trouvent une nouvelle vocation dans les centres urbains. Un grand espace s'ouvre ici. Les artistes s'installent, alliant leur inspiration personnelle à ce qui leur est familier. La couleur et la poésie conquièrent l'espace public. Les amphithéâtres, les laboratoires et les ateliers deviennent des moteurs du progrès. Les valeurs de cette nouvelle image : créativité, recherche et esprit de pionnier.

Durabilité.

Ce concept fait également la part belle au tourisme durable – avec des logements de charme, un réseau de vélos à louer, des sentiers de randonnée ou des transports en commun gratuits au Luxembourg. La mobilité douce signifie concrètement : interférer le moins possible avec la nature, laisser les lieux dans l'état où on les a trouvés et découvrir les spécialités et traditions locales avec un esprit ouvert. Le précepte est de faire preuve de circonspection en chemin et de respecter le paysage fragile.

BIENVENUE AU PAYS DES TERRES ROUGES

CODE SOURCE D'UNE RÉGION « WOU D'UELZECHT DURECH [DE MINETT] ZÉIT ».

À l'entrée du village de Thil, l'Alzette sillonne timidement en provenance de la France, une rivière qui traverse et caractérise la région. Sa source : un étang à l'eau cristalline réputée autrefois pour ses propriétés curatives. Elle promettait de soulager les maladies des yeux et a attiré des flots de pèlerins pendant des siècles. Aujourd'hui, de nombreux pêcheurs à la ligne y apprécient les poissons abondants.

L'Alzette entame donc ici son périple de 73 kilomètres à travers la France et le Luxembourg. Elle gagne peu à peu en sécurité, traversant la région éponyme avec un courant de plus en plus fort. Côté français, elle relie Thil, Villerupt et Audun-le-Tiche. De là, elle s'écoule vers Esch-sur-Alzette, où, bien que la commune porte son nom, elle est peu visible. Elle traverse ensuite Schifflange et Bettembourg et, pour finir, se jette dans la Sûre à Ettelbruck. Lorsqu'elle coule à la limite des deux pays, elle démontre de manière impressionnante que les frontières peuvent être floues.

L'hymne national luxembourgeois commence ainsi : *Wou d'Uelzecht durech d'Wisen zéit*. Cependant, cela n'a pas toujours été le leitmotiv de la région. En effet, en de nombreux endroits, la rivière a été recouverte de béton notamment en raison de son odeur « remarquable ». En effet, pendant des décennies, plus de la moitié de toutes les eaux usées luxembourgeoises y étaient déversées. D'importants efforts ont été déployés au cours des années 1990 pour la renaturaliser. Des réserves naturelles et des parcours tels que la réserve naturelle « Brill » et le Dumontshaff à Schifflange sont nés sur ses rives.

France
Hiehl
Rout Lëns
Escher Déierepark
Belval
Anciens terrils
(Carrièrre Cloos)

Zolwerknapp
422 m
Esch-sur-Alzette
Belvaux

Flâner, s'attarder, nager ?

Tradition du shopping dans la rue de l'Alzette

Sur de nombreuses cartes, on aperçoit un fil bleu qui serpente au centre d'Esch : l'Alzette. Mais même dans la rue qui porte le nom de la rivière, le cours d'eau est peu visible. Vous vous approchez de l'« Uelzecht » lorsque vous êtes à proximité d'un petit plan d'eau devant le Café Casablanca. En effet, l'Alzette coule sous la ville d'Esch. Avec la révolution industrielle, de nouveaux besoins sont apparus vers 1900 ; il fallait davantage de commerces pour la population croissante. L'Alzette a donc été recouverte en 1911 et est devenue la rue de l'Alzette. Afin de se démarquer des cités ouvrières et de pouvoir rivaliser avec la capitale, les bâtiments somptueux apparaissent les uns après les autres à cette époque. Les constructeurs internationaux ont intégré des éléments stylistiques de leurs origines dans l'architecture, et ce, dans un effort constant de se surpasser les uns les autres. De

1

l'historicisme à l'art nouveau : le résultat est un impressionnant amalgame. La zone piétonne d'aujourd'hui a ajouté beaucoup de style métropolitain à la ville. C'est la plus longue rue commerçante du pays. Parmi la variété de boutiques et de restaurants, on trouve également un « pop-up store ». Le concept : des boutiques, cafés ou restaurants peuvent s'y installer de façon éphémère. Des expositions y sont même présentées. Il s'agit un peu d'une pochette surprise pour ceux qui aiment faire des découvertes. L'atmosphère vivante et multiculturelle se propage dans la rue de l'Alzette avec des marchés aux puces, des défilés, des marchés et des terrasses. Seul l'éclairage public est un peu de guingois… Inclinés à des angles légèrement différents, 29 poteaux en acier de couleur violette créent ensemble une œuvre d'art complète qui imite la sinuosité de la rue. Dans la rue de l'Alzette, regarder de temps en temps de haut en bas et se laisser simplement entraîner selon la proximité de l'eau en vaut la peine.

Conseil

La « Infofabrik » se situe au n° 85 : à l'office de tourisme branché, vous pouvez obtenir des informations complètes sur la Ville d'Esch-sur-Alzette, la région du Minett, son histoire et ses curiosités touristiques.

À proximité :

Librairie Diderich | *2, rue Victor Hugo, L-4140 Esch-sur-Alzette*

BELVAL

SANEM

POMHOUSE & CHÂTEAU D'EAU

DUDELANGE

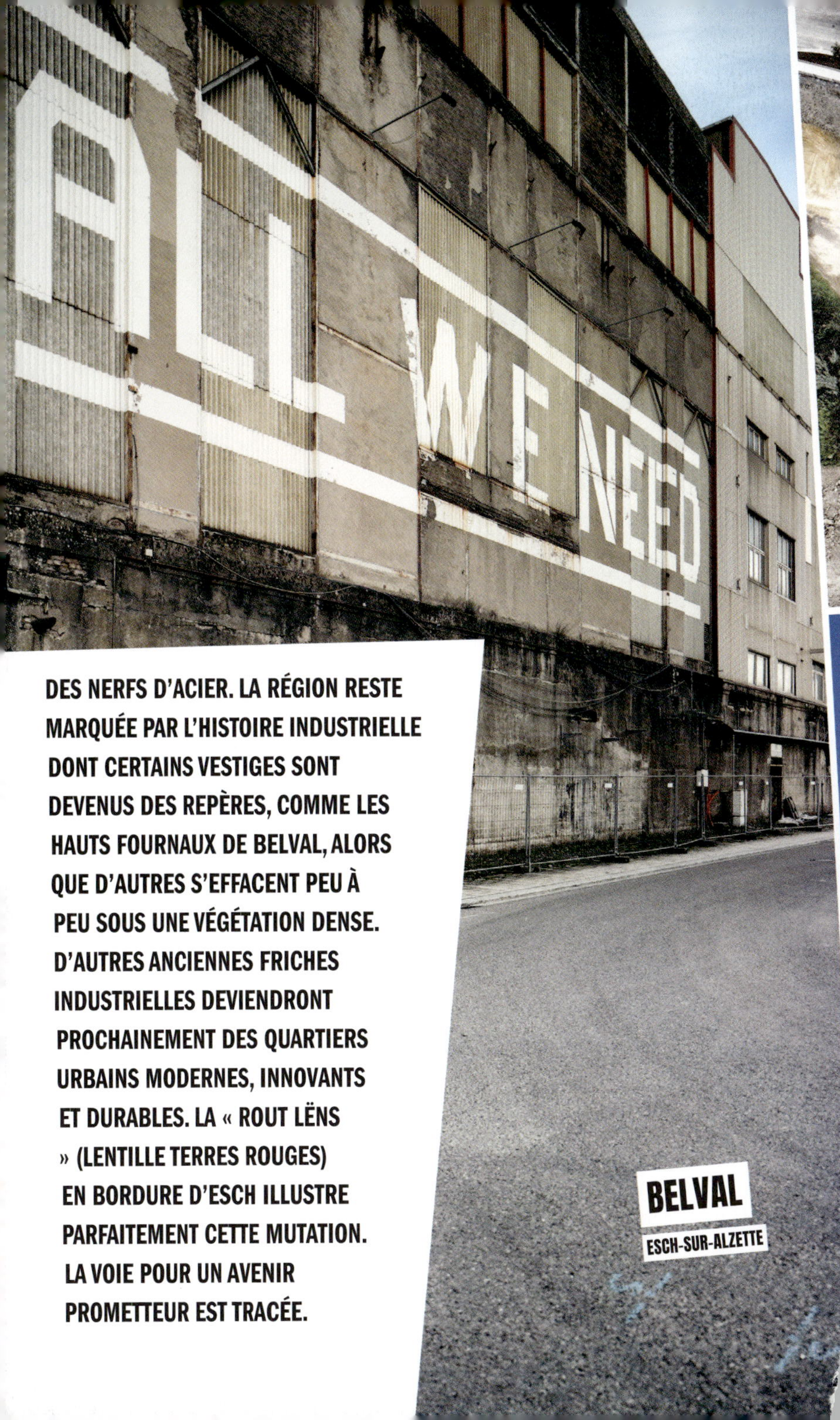

DES NERFS D'ACIER. LA RÉGION RESTE MARQUÉE PAR L'HISTOIRE INDUSTRIELLE DONT CERTAINS VESTIGES SONT DEVENUS DES REPÈRES, COMME LES HAUTS FOURNAUX DE BELVAL, ALORS QUE D'AUTRES S'EFFACENT PEU À PEU SOUS UNE VÉGÉTATION DENSE. D'AUTRES ANCIENNES FRICHES INDUSTRIELLES DEVIENDRONT PROCHAINEMENT DES QUARTIERS URBAINS MODERNES, INNOVANTS ET DURABLES. LA « ROUT LËNS » (LENTILLE TERRES ROUGES) EN BORDURE D'ESCH ILLUSTRE PARFAITEMENT CETTE MUTATION. LA VOIE POUR UN AVENIR PROMETTEUR EST TRACÉE.

BELVAL

ESCH-SUR-ALZETTE

ZOOM
INDUSTRIE

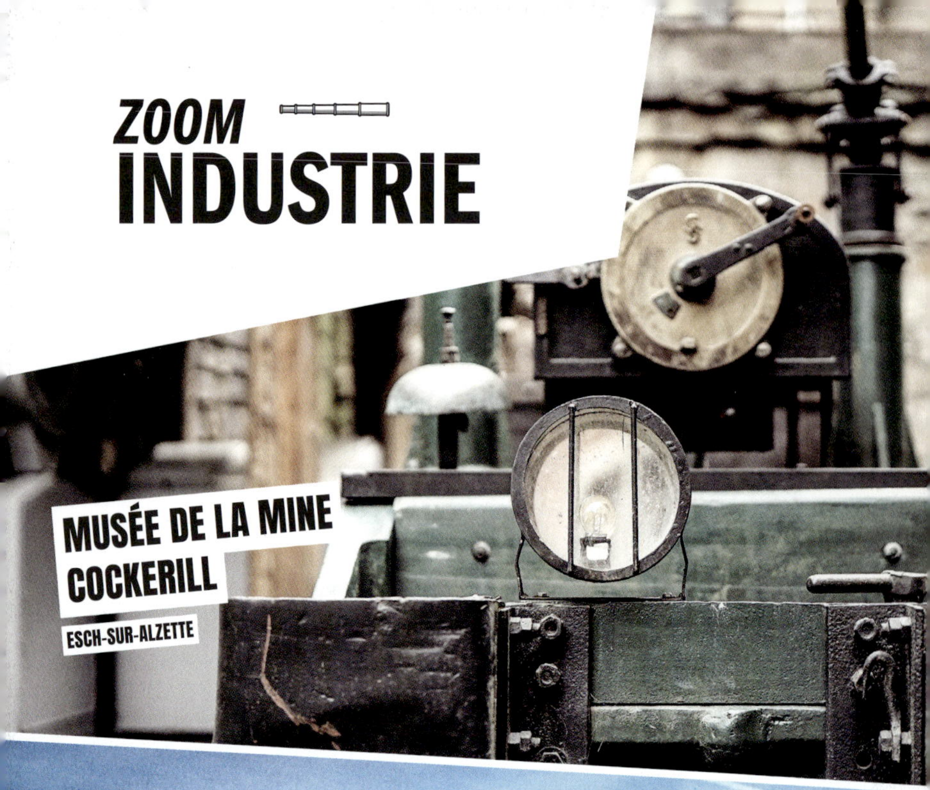

MUSÉE DE LA MINE COCKERILL

ESCH-SUR-ALZETTE

BELVAL
ESCH-SUR-ALZETTE

ROUT LËNS
ESCH-SUR-ALZETTE

Musée de la résistance sur la « Brillplaz »

2

Se réunir dans un lieu de mémoire

En marchant le long de la rue de l'Alzette, le chemin se termine inévitablement par une grande place. À l'est, sur la place pavée de l'hôtel de ville, à l'ouest, sur la place de la Résistance. Son nom est tiré du bâtiment le plus imposant qui longe un de ses côtés : le Musée national de la Résistance. Celui-ci se caractérise par une architecture inspirée du style classique depuis 1956. Depuis lors, des conférences, des expositions permanentes et temporaires ont abordé tous les thèmes liés au Luxembourg pendant la Seconde Guerre mondiale. Le thème dépasse également ses murs sobres et se manifeste dans l'espace public : au milieu d'une cour d'honneur se trouve un monument aux morts, dédié aux victimes de la guerre et de l'industrie sidérurgique. C'est ainsi que l'indépendance économique durement acquise au XXe siècle est également honorée. Le monument est surélevé de quelques marches et se distingue clairement de la Place de la Résistance. Cependant, il ne contraste en aucun cas avec l'effervescence de la place. En effet, le Quartier du Brill est l'un des quartiers les plus multiculturels de la Ville d'Esch, notamment en raison de l'industrie sidérurgique et de la croissance internationale qui en découle. Les nombreux restaurants de la rue du Brill en témoignent également. Des spécialités du monde entier y sont servies. La zone piétonne, paradis des gourmets, est un lieu de rencontre. Elle mène à la Place de la Résistance, où cette pluralité animée est mise en exergue par le travail de l'artiste Kamel Louafi : ses sculptures en bronze symbolisent les différents continents.

Le saviez-vous ?

La place de la Résistance est connue par le plus grand nombre sous le nom de « Brillplaz ». Le mot « Brill » est un ancien lieu-dit. Il fait référence à un paysage marécageux.

MUSÉE NATIONAL DE LA RÉSISTANCE / Place de la Résistance / L-4041 Esch-sur-Alzette

Cela pourrait aussi vous intéresser :

Crypte de Thil | *rue des Déportés, F-54880 Thil*

Saison
21
22
ESCHER THEATER
KONSCHTHAL ESCH

Ariston

3

Le monde du Théâtre d'Esch

Écran baissé, rideau levé

Nous sommes vendredi soir, peu avant 20 heures. Venant de différentes directions, des pas rapides se précipitent vers le grand bâtiment d'angle vitré de la Place de la Résistance. Les lumières s'éteignent, le spectacle commence. Des mondes imaginaires et de nouveaux espaces de jeu s'ouvrent. Et ce, quotidiennement, depuis 1962. Le Théâtre Municipal de la Ville d'Esch-sur-Alzette est l'un des plus anciens et des plus grands du pays. Sur sa scène, une grande diversité de spectacles de théâtre, de danse, de cirque, de musique et de cabaret est jouée. Il y a même une galerie. Des expositions y sont régulièrement présentées, dont la thématique est liée au programme de la saison. Le contenu scénique est ainsi porté au-delà de la scène. Enrichis de cette expérience, les visiteurs qui préfèrent se détendre avec un verre trouveront ce qu'ils cherchent au bar intérieur. De grands fauteuils en cuir invitent à s'attarder, et les rencontres avec les stars du soir ne sont pas rares ici. Avant 1962, les choses étaient différentes : à cette époque, le cinéma populaire Nouveautés-Palace se trouvait sur le site de l'« Escher Theater ». Passer de la simple diffusion d'un film à une performance en direct semble être généralement très populaire dans la ville : à quelques mètres seulement de l'« Escher Theater » se trouve l'Ariston, l'un des rares vestiges de l'ère BB. BB ? Before Blockbuster. C'est l'un des cinémas les plus anciens et les plus pittoresques d'une époque où les soirées ciné à domicile n'étaient pas encore une évidence. Il a fait l'objet de fermetures. Les coins des affiches arrachées des films présentés ici en dernier lieu sont accrochés, tordus, aux murs de la façade extérieure. Cependant, grâce aux voix locales qui ont bruyamment fait campagne pour la préservation de ce témoin contemporain, l'Ariston pourra rouvrir. Il sera essentiellement transformé en un théâtre pour enfants et jeunes.

THÉÂTRE MUNICIPAL DE LA VILLE D'ESCH-SUR-ALZETTE / 120, rue de l'Alzette / L-4010 Esch-sur-Alzette

Cela pourrait aussi vous intéresser :

CineKursaal | *8, rue des Martyrs, L-3739 Rumelange*
Centre National de l'Audiovisuel | *1b, rue du Centenaire, L-3475 Dudelange*

BE
NU

Quand l'ancien fait peau neuve

4

Premier écovillage au Luxembourg

Pendant la nuit, le quartier d'Esch-Grenz est illuminé par les néons des boîtes de nuit, mais il semble un peu morne la journée... vraiment ? Au milieu du parking central, un bâtiment fantaisiste se fait immédiatement remarquer. Il rappelle l'architecture d'Antoni Gaudí : une façade en mosaïque, des fenêtres inclinées, de l'art à l'état pur. Des capsules, des petites voitures, des poupées Barbie et des panneaux de signalisation ornent la construction. Pénétrez dans ce bâtiment magnifiquement décoré, qui est en fait conçu avec des conteneurs ferroviaires, et vous vous retrouverez dans une sympathique boutique de vêtements. L'initiative BENU Village a donné naissance au premier écovillage du Luxembourg.

L'ensemble des matériaux utilisés pour l'écovillage est issu du recyclage. Le concept de l'initiative est l'exemple parfait du fonctionnement de l'économie circulaire et il prouve que tout ne doit pas toujours être nouveau. Il est tout à fait possible d'obtenir quelque chose de merveilleux à partir de matériaux usagés. Vous pourrez en admirer de nombreux exemples intéressants dans la boutique de vêtements. Chaque pièce est unique, fabriquée dans l'atelier BENU Couture qui se trouve à l'étage supérieur. L'initiative emploie des personnes issues de divers milieux sociaux et leur permet de créer une mode « made in Luxembourg ». Outre l'économie circulaire, l'inclusion sociale constitue une pierre angulaire du concept BENU Village. Et ce n'est que le début. En effet, l'écovillage va s'agrandir dans les années à venir avec d'autres constructions en conteneurs et d'autres projets intéressants.

BENU VILLAGE ESCH / 51, rue d'Audun / L-4018 Esch-sur-Alzette

Cela pourrait aussi vous intéresser :

CineKursaal | *8, rue des Martyrs, L-3739 Rumelange*
Centre National de l'Audiovisuel | *1b, rue du Centenaire, L-3475 Dudelange*

La culture industrielle en pleine nature

5

Le musée de la Mine Cockerill dans la réserve naturelle d'Ellergronn

Vêtements et casques suspendus à de longs palans sous le plafond, une image impressionnante, mais aussi un peu lugubre. Nous sommes dans la Salle des pendus. Le malaise ne diminue pas. Néanmoins, aucun crime obscur n'a été commis ici. Il s'agit de l'ancien vestiaire des mineurs qui fait partie du musée de la Mine Cockerill.

Le minerai de fer a été extrait sur le site dès 1881. Contrairement aux autres mines du Luxembourg, l'extraction s'y faisait par un puits plutôt que par des galeries. Mais, au milieu des années 1960, la situation s'est calmée à Ellergronn. La mine Katzenberg et ses environs ont lentement été rendus à la nature. Toutefois la quasi-totalité du site a été préservée comme patrimoine industriel grâce à un groupe d'anciens mineurs. L'ensemble des bâtiments a été largement rénové. Aujourd'hui, les visiteurs s'y voient proposer un aperçu authentique de la vie des mineurs. La cuisine exiguë d'une famille d'ouvriers a été reconstituée avec autant d'attention portée aux détails que le bureau d'un géomètre. La vaste collection comprend également de nombreux outils de travail : des lampes et des perceuses aux véhicules miniers. Par moments, on entend encore le son strident de la sirène sur le site. À l'époque, elle mettait en garde contre les explosions. Aujourd'hui elle fait partie des visites guidées. Les coups de marteau réguliers résonnent encore depuis la forge.

Conseil

Les bâtiments de l'ancienne mine Cockerill abritent également le Centre nature et forêt Ellergronn. Vous pourrez notamment y découvrir des expositions sur le patrimoine naturel du bassin minier. Des visites guidées dans la réserve naturelle de 110 hectares sont également proposées. Après une promenade, la brasserie « Schmëdd » invite à s'attarder plus longuement.

Cela pourrait aussi vous intéresser :

Musée National des Mines de Fer | *1, rue des Mines, L-3714 Rumelange*

Minett Park Fond-de-Gras | *2, Fond-de-Gras, L-4576 Niederkorn*

Musée des Mines de Fer d'Aumetz | *5, rue Saint Léger de Montbrillais, F-57110 Aumetz*

ELLERGRONN / rue Jean-Pierre Bausch / L-4114 Esch-sur-Alzette

Pitcher
Grand-Rue

All night long

6

Le Pitcher : un bar pour tous

Un bistrot et un phénomène à la fois. Le ton est donné avec le son d'une guitare électrique façon AC/DC, le design intérieur est sans prétention. Il n'est pas étonnant que tant de personnes se sentent chez elles au Pitcher. Qu'il s'agisse d'ouvriers communaux, de politiciens, d'étudiants, de professeurs, d'artistes, de hipsters ou de bikers, les visiteurs les plus divers ont laissé leur empreinte sur les murs lambrissés. Des panneaux, des photos et des cartes postales y sont collés. L'artère principale d'Esch, si l'on peut l'appeler ainsi, bat au rythme des lettres cursives rouges du néon prometteur de l'enseigne. En effet, ce bar culte pittoresque a déjà acquis un statut presque institutionnel. Le week-end, la petite salle intérieure est bondée ; et quel que soit le temps, les gens aiment continuer à faire la fête dehors. Ici, on se rassemble même pour Noël.

Personne ne peut ou ne veut se souvenir de l'époque où le bar n'existait pas. Après tout, le bâtiment, construit en 1904, a toujours été consacré aux spiritueux. Les anciens propriétaires étaient des marchands de vin et divers restaurateurs. La maison est dans les mêmes mains depuis le début des années 1990. Des mains qui aiment aussi servir leurs propres créations : le « Néckel » est la spécialité du Pitcher. Le nom semble chimique, tout comme l'apparence au début. Mais avec son goût incroyablement délicieux et sucré, elle dissimule habilement sa teneur élevée en alcool – une commande populaire qui a même déjà donné son nom à des enfants. Pour ceux qui n'ont pas l'intention de baptiser leurs descendants Pitcher, ils peuvent aussi coller un autocollant Pitcher sur leur voiture en guise d'hommage. Si vous y prêtez attention, vous remarquerez la multitude de coffres ornés de ce logo jaune. La plupart du temps, bien sûr, ils sont garés près du pub...

Conseil

Boire l'estomac vide n'a jamais été une bonne idée. Le « Pitcher Burger », qui allie viande de bœuf et « Gromperekichelcher » (galettes de pommes de terre luxembourgeoises), peut être commandé sur place, tout comme de nombreux autres plats. Les livraisons sont effectuées par le restaurant voisin Moustache.

PITCHER / 27, Grand-Rue / L-4132 Esch-sur-Alzette

Cela pourrait aussi vous intéresser :

Beim Kueb | *24, rue de Luxembourg, L-4391 Pontpierre*

Brasserie Nationale | *2, boulevard J.-F. Kennedy, L-4930 Käerjeng*

RADWEG
VOYAGES
VANDIVINIT

Une odeur de papier et de café

7

Une librairie de tradition familiale

Les livres constituent une bonne base pour de nombreux domaines de la vie. C'est également le cas dans le grand immeuble de la rue Victor Hugo à Esch, au rez-de-chaussée duquel se trouve la Librairie Diderich. En entrant dans cette boutique accueillante, on s'aperçoit immédiatement que les amateurs de livres sont ici dans leur élément. Les visages amicaux saluent les nouveaux venus d'un signe de tête, les autres sont tellement absorbés par un texte de quatrième de couverture qu'ils ne remarquent même pas les nouveaux venus.

Marie Diderich a rendu ce microcosme possible. En 1945, elle s'est rendue en France avec deux valises vides et a fait le plein de livres. Des bras aussi forts que sa volonté. Le plan de Marie : vendre les œuvres à Esch. C'est l'origine de sa librairie, qu'elle a tenue pendant 20 ans dans la rue des Remparts. Aujourd'hui, le populaire Babbocaffè se trouve à cet endroit, mais de nombreux habitants d'Esch se souviennent encore de l'époque où Marie remplissait l'intérieur de livres à tel point qu'elle pouvait à peine y entrer elle-même. Lorsque le fils Diderich a repris l'entreprise, il l'a déménagée dans le bâtiment d'angle situé en face en raison du besoin accru d'espace. La librairie est maintenant dirigée par la troisième génération. Un café a été ajouté au magasin. Des produits frais et des gâteaux faits maison (cheesecake et carrotcake) sont au menu. Le week-end, un brunch complet, également vegan, est proposé. L'arrière du magasin a été aménagé pour offrir plus d'espace aux nombreux livres, et y ajouter un rayon papeterie et de nombreux jeux de société. Car le multiculturalisme de la région s'invite aussi chez Diderich : certains sujets doivent être traités dans au moins trois langues. En outre, la rubrique Luxemburgensia, concernant des publications relatives au Luxembourg, qui ne cesse de croître, a sa propre section. En général, se rendre chez Diderich a deux conséquences : en achetant des livres, on veille à ne pas devoir déménager à nouveau par manque de place, mais on croule soi-même sous les livres.

LIBRAIRIE DIDERICH / 2, rue Victor Hugo / L-4140 Esch-sur-Alzette

Sur les traces du château

8

Le « Schlassgoart » et son histoire

Un château au milieu de la métropole Minett d'Esch ? Difficilement imaginable ! Pourtant, il existe des indices prometteurs. Ils mènent à un petit parc que les habitants d'Esch appellent encore « de Schlassgoart ». Si vous marchez depuis l'Hôtel de Ville en direction de la rue de Luxembourg, vous découvrirez un grand bâtiment en forme de tube sur le côté droit. Au milieu de cet ensemble moderne, une tour rose resplendit. Trouvé ! Il s'agit de l'ancienne porte d'entrée du château, le dernier témoignage restant. Si vous regardez de près, vous verrez la date de 1721 sur la structure. Cependant, l'indication est un peu trompeuse – et fait simplement référence à des travaux de rénovation importants commandés par le propriétaire de l'époque. On suppose que le premier château à douves a été construit ici dès le XIIIe siècle. Les seigneurs Berwart, vassaux du Comte de Luxembourg, apprécièrent l'emplacement stratégiquement favorable. Une chose est sûre : le château a subi de nombreux changements au cours des siècles ; il a été détruit, restauré et reconstruit.

Maintenant, la question se pose : qu'est-il arrivé au bâtiment qui ornait encore les cartes postales au début du siècle dernier ? Dans les années 1950, la société de construction d'usines sidérurgiques ARBED a démoli le bâtiment, qui était inhabité depuis les années 1920. Il ne restait que la porte, qui a ensuite été intégrée au bâtiment administratif. Cependant, aujourd'hui encore, les visiteurs sont toujours invités à flâner dans le jardin du château adjacent. Les panneaux d'information contiennent des photos de l'ancien domaine et permettent d'imaginer à quoi devait ressembler le jardin avec le magnifique bâtiment. Mais attention : le Schlassgoart ne doit pas être confondu avec la « Galerie Schlassgoart ». Celle-ci se situe dans un autre quartier de la ville, sur le boulevard Grande-Duchesse Charlotte. Là, vous pouvez y découvrir des expositions temporaires.

Conseil

Les armoiries de la Ville d'Esch comportent également une tour rouge. Cependant, elle n'a rien à voir avec le Château de Berwart, mais montre l'une des quatre anciennes portes d'entrée des fortifications de la ville.

Cela pourrait aussi vous intéresser :

Château de Sanem | *rue du Château, L-4992 Sanem*
Château de Bettembourg | *13, rue du Château, L-3217 Bettembourg*

SCHLASSGOART / 66, rue de Luxembourg / L-4221 Esch-sur-Alzette

Comment l'auge est arrivée dans les toilettes

9

Histoires cultes de la Kulturfabrik

C'est une institution à Esch, la Kulturfabrik ou KuFa. Ne passant pas inaperçue, la façade éveille la curiosité. S'approcher pour explorer le bâtiment de plus près mérite le détour. Les salles abritaient autrefois un abattoir. Après sa désaffection, une troupe de théâtre a occupé plusieurs pièces. Grâce à l'engagement d'acteurs, d'artistes et de musiciens, un lieu culturel incomparable, et à ce jour indépendant pour l'art alternatif, a émergé au fil du temps.

Au calendrier des manifestations : concerts, expositions, événements multiculturels, discussions et autres. La KuFa est également connue pour ses festivals, par exemple l'« Afrika Festival », l'« Out of The Crowd » ou le « Bang Your Head ». La culture a gagné chaque recoin du complexe. Il ne reste des vestiges bizarrement effrayants de l'ancienne utilisation du bâtiment qu'ici et là, notamment la légendaire auge dans les toilettes. L'espace créatif n'offre pas seulement à la scène artistique alternative une plateforme pour s'exprimer, un programme diversifié attend aussi les visiteurs : des expositions dans la « Galerie Terres Rouges » aux projections de films dans le « Kinosch ». La mission de la KuFa est claire : soutenir le développement socioculturel et artistique de la région.

C'est aussi un lieu de rencontre convivial. En été particulièrement, le bar « Ratelach » vous invite à vous attarder dans la cour intérieure magnifiquement aménagée. Les soirées sont régulièrement agrémentées de spectacles musicaux et de cabarets. Et si votre soif de culture vous donne faim, le restaurant « K116 » vous invite à un voyage culinaire gustatif.

Conseil

Les graffitis fantaisistes sont une caractéristique colorée de l'espace public. En 2014, la Kulturfabrik a lancé le projet « KuFa's Urban Art ». Le résultat est l'art de la rue sous son meilleur jour, surtout à Esch mais aussi dans la Grande Région. Tous les lieux peuvent être découverts sur : ***kufasurbanartesch.lu***

KULTURFABRIK / 116, rue de Luxembourg / L-4221 Esch-sur-Alzette

À proximité :

Schlassgoart | *66, rue de Luxembourg, L-4221 Esch-sur-Alzette*

GALERIES

Konschthal
Plusieurs expositions temporaires contemporaines de productions locales et internationales sont présentées chaque année dans le récent « Konschthal » d'Esch. Elles sont organisées en corrélation avec la « Bridderhaus » : une résidence d'artistes internationaux qui propose également des ateliers aux créateurs locaux. Les salles spacieuses du « Konschthal », qui est par ailleurs installé dans un ancien magasin de meubles, constituent le cadre idéal pour accueillir des expositions multi-disciplinaires.
konschthal.lu

Kamellebuttek
Dans la rue Marcel Reuland, le « Kamellebuttek » ne passe pas inaperçu : une maison mitoyenne transformée en galerie, dont la façade tape-à-l'œil ne promet rien de trop. L'intérieur aussi est coloré et l'art y est un invité permanent. Avec des expositions temporaires multimédias, les deux fondateurs de la galerie, qui sont eux-mêmes des artistes, veillent à ce que chaque amateur de culture ait quelque chose à découvrir ici, dans les trois étages du bâtiment.
kamellebuttek.lu

CUEVA - un art qui sort de l'ordinaire !

L'un des grands temps forts de la scène artistique luxembourgeoise est l'occupation créative à l'année d'un lieu par le collectif d'artistes CUEVA. Les espaces mis à la disposition des artistes ont souvent besoin d'être rénovés, voire même d'être démolis – l'occasion parfaite pour une réalisation sans limites ! On ne sait pas quand et où s'installeront les nomades du collectif CUEVA la prochaine fois, il n'y a pas de site dédié. La meilleure façon de suivre les projets du collectif est de passer par les réseaux sociaux...

Centre d'art Nei Liicht et Centre d'art Dominique Lang, Dudelange

Les deux galeries à l'atmosphère particulière de la commune ne sont distantes que de quelques mètres. Le Centre d'art « Nei Liicht » est situé dans l'ancienne villa du directeur de l'ARBED. Elle se concentre en particulier sur la photographie, mais l'art vidéo est également présenté. Le Centre d'art Dominique Lang est consacré à l'art contemporain dans la gare de Dudelange, somptueusement rénovée.

galeries-dudelange.lu

Schëfflenger Konschthaus, Schifflange

Rendre l'art accessible à tous, c'est l'objectif de la Schëfflenger Konschthaus. Comment déchiffrer une œuvre d'art ? Les visiteurs sont accompagnés et une place importante est accordée aux échanges, aux rencontres et aux questions. Les ateliers accompagnant les expositions, les activités éducatives et les échanges intensifs entre les artistes et le public font tous partie du concept.

schifflange.lu

ESCH-LONDON-ESCH
LE PREMIER AÉROPORT DU LUXEMBOURG

Les armoiries d'Esch, entourées de deux grandes ailes : la pierre commémorative de Lallange rappelle une histoire presque oubliée. C'est à cet endroit même que se situait le premier aéroport du pays, bien avant l'existence de l'aéroport de Findel. Entre 1937 et 1938, un avion de type « De Havilland » reliait l'aéroport de Croyden, au sud de Londres, à Esch. Le vol durait deux heures et trente minutes. À son bord, une poignée de passagers et de disques. En effet, il s'agissait d'une cargaison un peu particulière. Mais à l'époque, ils étaient encore rares et devaient être importés. La commande venait de Radio Luxembourg qui les utilisait pour son programme musical. Ainsi, disques et passagers faisaient la navette deux fois par semaine entre le « Grand-Duché » et le « United Kingdom ».

À cette époque, l'aéroport a été développé à l'initiative d'un propriétaire foncier et de quelques passionnés d'aviation. L'aérodrome d'Esch-sur-Alzette a été officiellement inauguré le 26 septembre 1937. Entre 1937 et 1954, des avions plus ou moins grands y caracolaient, avec une interruption pendant la guerre. Par la suite, l'aérodrome a été principalement utilisé par l'armée américaine. Lorsque l'aéroport du Findel a finalement été agrandi, le calme est revenu à Esch. Là où, autrefois, les avions fonçaient sur le tarmac, se trouve aujourd'hui un lotissement, la « Cité Cinquantenaire ». Dans la rue de l'Aérodrome, la tour de contrôle surplombait autrefois le sol, mais elle a depuis été remplacée par une école maternelle. En souvenir, cette dernière porte le nom d'« École de l'Aérodrome ».

Une connexion très spéciale

10

La forêt enchantée sur le « Gaalgebierg »

Un pont en acier massif relie les mondes : en quelques minutes, la passerelle vous emmène du centre-ville d'Esch au « Gaalgebierg ». Bienvenue dans la nature ! Le parc est bordé de jardins fleuris et d'une vaste forêt. Les possibilités de loisirs y sont innombrables. Cerfs, chèvres, ânes : le parc animalier est un véritable point fort pour les jeunes visiteurs qui s'émerveilleront devant 25 espèces animales. L'entrée est gratuite et le « Déierepark » de 2 hectares n'est jamais fermé. Plusieurs aires de jeux invitent à l'amusement. Une atmosphère de forêt enchantée plane sur ce lieu. Le charmant Bamhauscafé, qui propose des spécialités régionales faites maison, y contribue également. À propos. Trois charmantes cabanes dans les arbres attendent les visiteurs dans les sommets ; elles peuvent être louées. Aventure garantie.

D'innombrables possibilités s'offrent également aux amoureux du sport : des courts de tennis aux terrains de basket. Les terrains de pétanque sont un endroit idéal pour une partie amicale. Après tout, les boules font partie du mode de vie luxembourgeois. Pour les amateurs de football, le « Gaalgebierg » abrite également le stade du plus ancien club du Luxembourg, le CS Fola Esch. Après toutes ces découvertes, plusieurs restaurants vous invitent à vous ressourcer ; un camping complète l'offre. Une chose est sûre : le « Gaalgebierg » est culte, ce que confirment également les nombreux événements qui en font un lieu de rencontre animé, par exemple le « Luxembourg Beach Open ».

ESCHER DÉIEREPARK / 64, Gaalgebierg / L-4142 Esch-sur-Alzette

---

Cela pourrait aussi vous intéresser :

Parc Merveilleux | *route de Mondorf, L-3260 Bettembourg*
Luxembourg Science Center | *1, rue John Ernest Dolibois, L-4573 Differdange*

UN TÉMOIN D'UNE ÉPOQUE RÉVOLUE L'ANCIENNE PISCINE « ERA »

Des marches couvertes de mousse, des barres de maintien rouillées, des plongeoirs envahis par la végétation, des murs pulvérisés : voilà comment se présente aujourd'hui l'ancienne piscine. Vu la couleur de l'eau, il serait déconseillé de l'utiliser, et il est de toute façon interdit d'y entrer. Coincée entre les trois communes d'Esch, de Russange et d'Audun-le-Tiche, une piscine en plein air se cachait à la frontière française dès 1925. L'« ERA » portait les initiales des communes avoisinantes et évoque toujours de joyeuses journées d'été pour de nombreux habitants de la région. Lorsque le club de natation du même nom, ainsi que l'usine minière et métallurgique d'Esch « Terres Rouges » ont fait construire l'installation de loisirs, celle-ci est rapidement devenue populaire. Le bassin, qui était rempli de l'eau du ruisseau Beler et de l'Alzette, est devenu un symbole de l'amitié franco-luxembourgeoise. Rompre ensemble avec le quotidien dominé par l'industrie était le leitmotiv des habitants, même s'il était difficile de faire abstraction de l'industrie. En effet, au-dessus du bassin passait le viaduc qui, avec les tours de refroidissement et les hauts fourneaux environnants, formait une toile de fond d'acier.

La présence industrielle a été renforcée par une reconstruction après la Seconde Guerre mondiale. À partir de ce moment, le site a compté deux piscines et un nouveau vestiaire. À la manière d'une « salle des pendus », il n'y avait pas de casiers. Les vêtements et les biens étaient tirés jusqu'au plafond sur des fils, une façon très familière de se changer pour les habitants de la région. En raison du renforcement des réglementations sanitaires et de la concurrence de plus en plus forte de la piscine couverte d'Esch, construite dans les années 1950, l'« ERA » a dû fermer en 1995. Mais qui sait : peut-être que les thermes traditionnels feront leur grand retour à l'avenir ? D'ici là, la piscine couverte d'Esch-sur-Alzette vous invite à vous échapper du quotidien.

ALLEZ MÄR! ALLEZ MÄR!

FOOTBALL, SAUCISSES DE STADE ET BIÈRE

La Terre est ronde. Dans le Minett, cela se confirme d'une manière particulière. Ici, le ballon rond est tout simplement culte. Depuis le début du XXe siècle, le football occupe une place particulièrement importante dans le sud du Luxembourg, et est étroitement lié à son histoire, à sa culture et à ses habitants. Notamment parce que malgré les nombreuses fusions, chaque commune a au moins un club. Differdange en compte même cinq... Pour de nombreux habitants, il est impensable de manquer les RDV au stade le dimanche après-midi. Souvent, il ne s'agit pas seulement du football en lui-même, mais aussi d'un programme typique : une bière avec des amis dans le café local avant le match, l'incontournable saucisse de stade ainsi que les analyses du match à la buvette longtemps après le coup de sifflet final.

Bien entendu, le Minett compte aussi ses derbies locaux. Un match à ne pas manquer : la rencontre CS Fola / Jeunesse Esch. Deux clubs d'Esch à l'histoire différente. En 1906, le professeur d'anglais Jean Roeder a fondé le « Fola Esch ». C'est au Gaalgebierg que le plus ancien club du Luxembourg a ses racines. Pendant des décennies, il était décrit comme le club de la classe moyenne et des « meilleures personnes ». Un an plus tard, le club « Jeunesse la Frontière d'Esch» est fondé au milieu des maisons alignées du quartier ouvrier « Hiehl » ; plus tard connu sous le nom de Jeunesse Esch. Le football offrait aux jeunes travailleurs des aciéries un équilibre à leur vie quotidienne éreintante. Aujourd'hui, le club est le champion des records du Luxembourg. Ses supporters se souviennent particulièrement bien du 19 septembre 1973. Quelle sensation devant environ 7 000 supporters ! L'équipe a réussi à arracher un match nul 1-1 au grand FC Liverpool en Coupe d'Europe dans leur stade « Op der Grenz ». Les rues ont alors résonné bruyamment : « Allez mär ! Allez mär ! »

11

L'histoire de la castellologie à Sanem

Château de Sanem et Zolwer Schlass

Un feu de joie vacillant et des jeux de lumière poétiques : lorsque les invitations sont lancées pour le « Wanterfeeling », une atmosphère enchanteresse flotte parmi les vieux arbres du parc du château de Sanem. Le marché, avec le château en toile de fond, semble tout droit sorti d'un livre de contes. En juillet, en revanche, son pendant, le « Summerfeeling » célèbre une garden-party élégante. Musique, cabaret, spécialités culinaires et stands de marché sont au rendez-vous de ces deux fêtes populaires.

Conclure de bonnes affaires est une tradition en ce lieu. En effet, lorsque la dernière famille noble a déménagé en 1950, ses meubles ont été vendus aux enchères dans le parc. L'ancien château fort du XIIe siècle a déjà été le témoin de bien des péripéties. Il a été détruit à plusieurs reprises. Le domaine actuel date de 1557 et est influencé par l'architecture de la Renaissance italienne. Au cours de l'après-guerre, le château a été transformé en orphelinat et a été connu pendant de nombreuses années sous le nom de « Kannerschlass ». Bien qu'il ne soit pas possible de visiter le bâtiment même, le parc est ouvert aux visiteurs à tout moment.

Le deuxième château de la région est quant à lui un peu moins visible, car il n'en est pas vraiment un. L'élégante Villa Heymnes est communément appelée « Zolwer Schlass » en raison de son architecture imposante. Pour ajouter à la confusion, elle se trouve également dans la rue du Château. Elle a été construite par Ernest Heymnes, marchand de vin et fournisseur de la cour. Son entreprise a prospéré pendant de nombreuses années et a permis au village d'acquérir une réputation de connaisseur en vins, ce qui était assez inattendu à Soleuvre vers les années 1900, alors que l'industrie sidérurgique était florissante.

Le saviez-vous ?

La castellologie pour les plus confirmés comprend l'étude de l'ancien « Buurg Zolwer » situé sur la colline Zolwerknapp. Il a été mentionné pour la première fois en 793...

Cela pourrait aussi vous intéresser :

Schlassgoart | *66, rue de Luxembourg, L-4221 Esch-sur-Alzette*
Château de Mont Saint-Jean | *rue du Mont St. Jean, L-3492 Dudelange*
Château de Bettembourg | *13, rue du Château, L-3217 Bettembourg*

CHÂTEAU DE SANEM / rue du Château / L-4992 Sanem

À LA SOURCE

L'ORIGINE DU NOM BELVAL

Le parc « Um Belval » s'étend sur fond d'anciens sites industriels. Des aires de jeux, un skatepark et des jardins à thème caractérisent le paysage redessiné sur huit hectares d'espace d'aventure. Belval disposait déjà d'un espace de loisirs au milieu du XIXe siècle : la forêt de Clair-Chêne. Certains secrets sont cachés ici, littéralement, sous la surface.

Et certaines histoires ont été oubliées avec le temps, notamment l'origine du nom Belval. Au début du siècle dernier, « Bel-Val » était sur toutes les lèvres. Ce nom faisait référence à une eau minérale exquise qui provenait d'une source locale. Elle coule encore sous une partie du parc et se trouve sur le territoire de la commune de Sanem. Joseph Steichen l'a découverte en 1885 et a appelé sa nouvelle « source de revenus » « Bel-Val », la belle vallée. Un nom aussi court que poétique – et une référence linguistique au Belvaux voisin. Deux millions de bouteilles de cette eau rafraîchissante étaient vendus chaque année. Non seulement au Luxembourg, mais sur quatre continents. Lors d'expositions universelles et internationales, la marque « Source Bel-Val » a remporté près de 40 médailles d'or. Il s'agissait, en somme, de « la plus agréable des eaux de table », comme le disait la publicité prometteuse. En 1910, l'usine d'eau minérale employait 50 ouvriers aux tabliers blanc immaculé. Cependant, en partie à cause de la crise économique, la production a finalement été arrêtée en 1935.

Le saviez-vous ?

Un petit bois dans le quartier d'Uecht à Esch est le dernier témoin de la forêt dense de Clair-Chêne qui a dû céder la place à l'industrie sidérurgique. De temps en temps, on peut entendre un sifflement mécanique à travers les branches. La forêt est bordée par un grand pont de triage, le « Auszéibréck ». Faire le triage, dételer, faire retentir la cloche : un bon tuyau pour les amateurs de chemins de fer.

12

Un quartier au fil du temps

Le parcours de Belval : fabrique du savoir

Une chenille géante rampant dans le paysage ? À moins qu'il ne s'agisse d'un OVNI qui vient d'atterrir ? La gare futuriste du quartier Belval de la Ville d'Esch-sur-Alzette et de la commune de Sanem enflamme l'imagination. Un bâtiment qui n'a pas son pareil. Extraordinaire et comme venue d'une autre époque, la gare de Belval-Université est la porte d'entrée de ce centre urbain innovant. Au siècle dernier, l'industrie sidérurgique y était encore florissante. Mais à la fin des années 1990, la fumée des hauts fourneaux a progressivement disparu. Une brise fraîche a soufflé sur la région. De nouveaux bâtiments sont apparus à chaque coin de rue. Appartements, bureaux, restaurants, bars et commerces : en quelques années, un district urbain moderne a vu le jour. Le siège de l'Université du Luxembourg a également été transféré à Belval en 2015. De nombreuses institutions de recherche et établissements d'enseignement s'y sont installés. Aujourd'hui, les hauts fourneaux et les ateliers se fondent vraiment dans l'architecture moderne. La plupart du temps, ils remplissent une nouvelle fonction et constituent désormais une bibliothèque, des espaces d'exposition et des musées qui attirent l'attention. Toutefois, si vous êtes attentif, vous pouvez encore entendre l'industrie sidérurgique ronronner tranquillement en arrière-plan. Bien qu'à une échelle beaucoup plus réduite, elle est toujours présente aujourd'hui avec une filiale d'ArcelorMittal.

Conseil

Des visites guidées de la Cité des Sciences peuvent être réservées auprès du Fonds Belval. Et pourquoi pas une visite des hauts fourneaux ? Une fois que vous aurez gravi les nombreuses marches, vous pourrez profiter d'une vue fantastique.

À proximité :

Luxembourg Learning Center | *7, Ënnert den Héichiewen, L-4362 Esch-sur-Alzette*

TERRASSE DES HAUTS FOURNEAUX / avenue du Rock'n'Roll / L-4361 Esch-sur-Alzette

BASSIN DE BIEN-ÊTRE DANS LE « MINETTER BASENG »

VUE PANORAMIQUE AVEC COMPAGNIE

Certaines choses changent. Les villes, par exemple, se développent si rapidement que leur croissance constante rend les affiches de leurs silhouettes trop vite dépassées. Belval est un cas particulier : les silhouettes de fer des hauts fourneaux font partie de l'image emblématique de la ville depuis des décennies, mais avec le temps, elles sont devenues pratiquement encerclées d'immeubles qui s'élèvent rapidement autour d'elles. À l'image des vieilles médiévales, Belval possède un mur d'enceinte. Le sien est un chantier de construction qui s'étend toujours plus loin. Ici, les tours de guet sont les grues qui, depuis des années, façonnent le paysage de Belval par leur présence permanente. D'autres choses ne changent pas. Il y a toujours eu une baignoire dans un champ à Belvaux. Elle s'est tellement intégrée dans le paysage urbain que personne ne remet en question sa présence. Le temps s'est arrêté dans la baignoire de Belvaux. Depuis des années, elle pointe dans la direction de Belval, où tout change constamment, mais où rien ne change au fond. En regardant de là, elle accompagne le regard comme une ligne de fuite. C'est dans ce tableau qu'apparaît la différence entre les quartiers de Belval et de Belvaux. Belvaux observe la mutation urbaine à bonne distance et profite du reste de l'idylle rurale qui subsiste encore chez elle. De là, nous vous recommandons, lors de votre promenade, de monter jusqu'au « Pakebierg ». Vous pourrez également y profiter de la vue contrastée sur la campagne et la ville.

Non loin de là se trouve le « Bielesser Gaalgebierg ». En pleine nature, un parcours pédagogique géologique et historique est à découvrir. En effet, les bords du chemin réservent toujours la découverte de traces du passé minier. Une piste de VTT traverse la région. La pièce maîtresse est une grande aire de jeux pour enfants.

13

10 kilomètres de lecture

Le patrimoine architectural au Luxembourg Learning Center

Bruissement de papier, claquement de claviers, voix étouffées, de temps en temps un raclement de gorge. Là où, pendant longtemps, on préparait le combustible pour alimenter les hauts fourneaux, aujourd'hui, nombreux sont les dos qui se penchent sur des bureaux modernes. Avec les dos des livres, ils donnent au Luxembourg Learning Center, dont la couleur est plutôt sobre, une touche beaucoup plus colorée. La salle haute et lumineuse est toujours bien fréquentée. Les étudiants viennent ici pour parcourir les 10,7 kilomètres de rayonnages, de même que les curieux qui veulent voir par eux-mêmes l'architecture impressionnante de la bibliothèque universitaire.

Le bâtiment modernisé, qui abritait une « Möllerei » jusqu'en 1997, montre toujours qu'il appartient à l'ère industrielle. Les différents étages s'intègrent naturellement à la charpente métallique conservée, mais ils donnent l'impression de flotter. En grimpant les escaliers en fer, on est parfois surpris qu'ils ne changent pas de direction, comme à Poudlard. Ici, ce ne sont pas des portraits parlants qui nous entourent, mais de grandes fenêtres triangulaires. Elles sont mouchetées de gris clair pour rappeler la poussière de la production d'acier. L'effet de cette conception ? Elle adoucit l'incidence de la lumière sans perdre la transparence. La visite vaut autant pour la vue spectaculaire que pour la découverte de l'architecture impressionnante. Pour l'un comme pour l'autre, nul besoin d'être étudiant.

Conseil

La bibliothèque ne constitue que deux tiers du bâtiment. L'autre côté de la Möllerei a également été réinventé. Vous y trouverez un espace d'expositions modernes temporaires présentant des œuvres d'art contemporaines, interdisciplinaires et numériques – là encore, bien sûr, en relation avec le passé industriel.

LUXEMBOURG LEARNING CENTER / 7, Ënnert den Héichiewen / L-4362 Esch-sur-Alzette

À proximité :

Terrasse des Hauts Fourneaux | *avenue du Rock'n'Roll / L-4361 Esch-sur-Alzette*

COMMENT OBERKORN A OBTENU SON HYMNE

HISTOIRE DE LA MUSIQUE DANS LE MINETT

Fermes, salles de sport, avant l'existence de la Rockhal à Belval, les concerts au Luxembourg étaient plus rustiques. À Oberkorn, un petit bâtiment rend les fans de musique nostalgiques. Il abritait le légendaire, bien que minuscule « Rainbow Club ». En 1982, le groupe *Depeche Mode* est venu ici dans un « nightliner ». Sa performance est entrée dans l'histoire de la musique luxembourgeoise. La scène étant extrêmement basse, le public a apprécié la musique assis sur le sol. En raison d'une panne de son bus de tournée, le groupe a dû prolonger son séjour à Oberkorn. Quatre jours mémorables pour le groupe. La chanson « Oberkorn (It's a small town) » figure sur la face B du disque sorti ultérieurement. 27 ans plus tard, *Depeche Mode* s'est à nouveau aventuré au Grand-Duché. Cette fois, son chemin l'a mené dans la plus grande salle de concert du pays.

Après la décision prise il y a plusieurs années de faire revivre l'ancien quartier industriel de Belval, la Rockhal été le premier bâtiment à ouvrir ses portes. L'élément central : la salle principale, qui peut accueillir environ 6500 spectateurs. Les spectacles de célébrités de tous styles attirent des visiteurs de toute la région. Une salle de danse, un studio d'enregistrement, six salles de répétition et trois salles de concert de tailles différentes : cette infrastructure professionnelle soutient naturellement la scène musicale locale. Dans la médiathèque, la section d'archives « Musek aus Lëtzebuerg » documente une grande partie de l'inventaire musical local – écoutez ! Le « Rockhalcafé » est situé juste à côté de la salle de concert. Les murs du bar sont décorés avec des disques et chaque plat a une note spéciale, bien sûr.

Observer les étoiles de la « Little Utah »

14

Sentier des planètes à Lallengerbierg

Une sphère solaire brun rouille dans un petit wagonnet (Buggy en luxembourgeois) attire l'attention. Elle fait l'objet de nombreuses photos d'explorateurs en sortie dans l'espace, dans les paysages martiens rouges du Minett. Parcourir la distance de 6 milliards de kilomètres en une heure ? Aucun problème autour de Schifflange. Là, le sentier des planètes « De Saturn » vous invite à un voyage dans l'espace. Ce sentier thématique, long de quatre kilomètres, commence au stade Jean Jacoby. Il traverse une impressionnante réserve naturelle et mène au cœur de notre système solaire. Des panneaux de bronze en relief jalonnent le parcours. Ils représentent le soleil et les planètes sur une échelle de 1:1 milliard. D'autres panneaux apportent des explications plus approfondies. Vénus, Mercure, Mars : des notes des dieux et des étoiles, des mythes et des faits. Le chemin passe au milieu d'une ancienne zone d'exploitation minière à ciel ouvert. La terre est rouge, colorée par le minerai de fer dans le sol. Ce paysage au charme sauvage a inspiré le surnom de « Little Utah ». Un air du Far West. Les amoureux de la nature y trouveront leur bonheur : les orchidées y fleurissent tout au long du chemin. Les chauves-souris ont trouvé refuge dans les nombreux puits laissés par l'industrie minière. Des centaines d'espèces de papillons y sont également représentées. Un microcosme fascinant.

Conseil

La région est un eldorado pour les vététistes. Le « RedRock MTB Trail Lallengerbierg – Gaalgebierg » est très plaisant. Des pistes étroites serpentent la zone. Particulièrement spectaculaires : les pentes rocheuses de cinq mètres de haut en pierre rouge feu. La piste entière s'étend sur 36,5 kilomètres.

Cela pourrait aussi vous intéresser :

Réserve naturelle « Haard, Hesselsbierg, Staebierg » | *Parking Rue Schortgen, L-3564 Dudelange*

Sentier didactique « Giele Botter » | *rue de Titelberg, L-4678 Niederkorn*

FAIRTRADE
EIS
EPICÈRIE
ZOLWER
BISTRO
RESTAURANT
MENU DU JOUR
BEWOSST AKAFEN
GESOND LIEWEN
ALAIN WELTER

15

Les chasseurs de trésors dans leur élément

Découvertes autour de la Zolwerknapp

La vie sur la Place de l'Indépendance à Soleuvre est particulièrement panachée. La façade tape-à-l'œil de l'« Eis Epicerie Zolwer » y contribue. La grande fresque de l'artiste urbain et illustrateur luxembourgeois Alain Welter illustre le concept de l'épicerie : donner la place la plus importante que possible au développement durable dans l'espace public. Plus de 1 000 produits régionaux et issus du commerce équitable y sont en vente. Le bâtiment héberge la brasserie « meet & greet » qui propose un menu varié pour le déjeuner. Bio, délicieux et bon marché. Les ingrédients sont directement issus du terroir de Sanem.

Ce terroir monte abruptement directement derrière l'épicerie. Randonneurs et chasseurs de trésors escaladent la « Zolwerknapp », qui, à 422 m, est l'une des plus hautes altitudes de la région. Ne pas avoir le vertige présente des avantages : le sentier de découverte se déroule en forme de spirale, la hauteur des tours d'observation est considérable. Le « sommet », si on peut l'appeler ainsi, est étonnamment plat. En toute logique, il s'est avéré être un endroit idéal pour construire un château fort il y a environ 600 ans, même si aujourd'hui seuls un puits et quelques murs isolés en témoignent. Selon la légende, le comte Alexandre vécut ici jusqu'à ce qu'il perde une bataille et soit expulsé du Zolwerknapp. Son épouse éplorée obtint le droit d'emporter avec elle autant de biens précieux qu'elle pouvait en porter, à condition qu'elle s'installât là où elle s'effondrerait d'épuisement. Elle choisit d'emmener Alexandre, son « trésor » le plus cher, elle le mit sans plus attendre sur ses épaules et le porta jusqu'à Differdange, où ils construisirent ensemble un nouveau château.

Chut

Selon la légende, la comtesse a caché un trésor dans le puits lorsqu'elle a quitté le Knapp. À ce jour, personne n'a réussi à le faire remonter à la surface – le « Chut » est à prendre absolument au pied de la lettre. Nul ne sait qui ou ce qui est à l'affût au fond du puits...

Cela pourrait aussi vous intéresser :

BENU Village Esch | *51, rue d'Audun, L-4018 Esch-sur-Alzette*

16

Professionnels et amateurs au même comptoir

Jeu de quilles au café Beim Kueb à Pontpierre

Le café Beim Kueb est une entreprise familiale depuis 1908. En entrant dans le restaurant, vous entendrez parfois tonner. Aucune raison de douter de vos sens. Il s'agit d'un bistrot typique du Minett. Donc, une piste de quilles est rarement loin. Le « Kueb » en compte même trois. En fait, le jeu de quilles constitue l'une des activités de loisirs les plus pratiquées au Luxembourg et sont populaires tant auprès des hommes que des femmes. Plusieurs titres de champion du monde, des records ainsi que la multitude de clubs et de pistes de quilles témoignent de leur véritable succès. Au Grand-Duché, ce sport se pratique sur des pistes dites en fourches : une piste en bois très étroite qui ne s'élargit que sur les derniers mètres, ce qui augmente le degré de difficulté – et explique peut-être le succès international des sportifs locaux. De nombreux amateurs sont devenus des professionnels du jeu de quilles. Rien qu'au « Kueb », près de dix équipes de championnat s'entraînent. Elles affichent des succès époustouflants. Que vous soyez un joueur amateur ou professionnel, la faim ne devrait évidemment pas désaxer un sportif lors d'une longue soirée de jeu de quilles. Pour accompagner la partie, boissons et cuisine traditionnelle y sont servis.

Conseil

Une agréable soirée quilles est l'occasion idéale de se familiariser avec les spécialités luxembourgeoises. Le menu d'un café-quilles contient de tout : « Ham, Fritten an Zalot », « Kniddelen mat Speck », « Kachkéis » ou « Feierstengszalot ». Que cachent exactement ces plats ? Essayez !

BEIM KUEB / 24, rue de Luxembourg / L-4391 Pontpierre

Cela pourrait aussi vous intéresser :

Pitcher | *27, Grand-Rue, L-4132 Esch-sur-Alzette*

Brasserie Nationale | *2, boulevard J.-F. Kennedy, L-4930 Käerjeng*

Ancienne Brasserie de Dudelange | *rue de la Brasserie, L-3431 Dudelange*

17

3, 2, 1 : on met les gaz !

La piste de karting de Mondercange

Casque sur la tête, visière fermée. Check ! La transformation en pilote de course s'opère au plus tard au moment où vos mains touchent le volant du kart. La piste de karting de Mondercange offre le plaisir de la conduite pour toute la famille. Sur un peu moins de 900 mètres de long, on enchaîne les virages de la piste en faisant crisser les pneus. L'unique piste de karting du Luxembourg s'appuie sur une longue tradition. Elle est ouverte depuis 1974. Jean Piazza, un citoyen de Mondercange a eu l'idée du circuit. Pendant des années, l'établissement était une entreprise familiale. Des icônes du sport automobile ont également couru sur l'asphalte ici. Par exemple, Michael Schumacher a obtenu sa première licence de course au Grand-Duché à l'âge de 12 ans, l'âge minimum pour les jeunes coureurs étant de 14 ans en Allemagne. C'est ainsi qu'il a remporté le championnat allemand junior sous le drapeau luxembourgeois. À Mondercange, il s'agit de prendre un bon départ. Les karts à louer sont disponibles pour les jeunes pilotes à partir de 8 ans (Honda 200) ainsi que pour les adultes (Honda 270). Pour compléter la flotte, des karts biplaces sont parfaits pour faire un tour avec les petits enfants. Différents créneaux horaires sont possibles : de 10 minutes à une heure. Il est nécessaire de s'inscrire au préalable, car la piste peut accueillir un maximum de dix conducteurs en même temps. La sécurité est une priorité absolue. Un café-restaurant et une aire de jeu pour enfants complètent cette sortie riche en adrénaline dans le monde du sport automobile. PS : le record de la piste est actuellement de 48,086 secondes...

Conseil

L'étang de Mondercange se trouve juste à côté. Ohé ! Par beau temps, vous pourrez observer les membres du club local de modélisme naval tester leurs voiliers et bateaux à moteur conçus avec passion.

Cela pourrait aussi vous intéresser :

Parc Le'h Dudelange | *26, rue Pierre Dupong, L-3449 Dudelange*

KARTING MONDERCANGE / 152, rue de Limpach / L-3932 Mondercange

PARC MERVEIL
Danke
MERCI
Thank You
Obrigado
Спасибо
Mahalo
Tack
Obrigado
Danke
Thank You
Gracias
Ouverture: 1 juillet
parc-merveilleux.lu
Geöffnet ab 1. Juli
parc-merveilleux.lu

PARC MERVEILLEUX

18

Au royaume du géant

Le Parc Merveilleux de Bettembourg

Être une sorcière présente quelques avantages. En effet, cela permet de s'asseoir confortablement sur son balai et de profiter de la vue panoramique magnifique. Par exemple, celle du Parc Merveilleux. Lorsque vous entrez dans le parc animalier et de loisirs, qui a été ouvert en 1956, vous rencontrez d'abord la sorcière girouette. Elle vous salue depuis la tour du portail d'entrée. Ensuite, la magie continue. De Hansel et Gretel à Blanche-Neige, une dizaine de contes captivent petits et grands avec leurs personnages émouvants. Une douce nostalgie pour toute la famille.

Bien sûr, le parcours vous mènera aussi à une célébrité bien connue du parc : le géant endormi. Des générations d'enfants ont déjà grimpé sur le corps de ce colosse. Peu de personnes le savent, mais cet emblème fait référence au conte du « Petit Poucet ». Jadis, une minuscule créature se trouvait aux côtés du géant, mais elle a été volée. Toutefois, avec ces 12 mètres de long, il y a peu de risque que des gredins emportent le géant en guise de souvenir. En plus de l'inventaire traditionnel du mini zoo et du train miniature, le parc se réinvente chaque saison. Chaque visite donne l'impression de faire un tour du monde. On peut y découvrir 200 espèces animales des cinq continents, dont des pandas roux, des loups polaires et des manchots. Plusieurs aires de jeux d'aventure dotées de cabanes dans les arbres, de jeux d'eau ou de labyrinthes invitent à la récréation. Une aire de jeux inclusive contient également des balançoires pour les chaises roulantes. Et, si votre estomac gronde après tant d'action, n'hésitez pas à faire un détour par le restaurant ou la cafétéria. Seule la chaumière de la sorcière ne peut pas être grignotée.

Conseil

Cascades, aquariums avec des poissons tropicaux ou grotte mystérieuse, les maisons Amazonia et Mahajanga vous emmènent dans la forêt tropicale. Leur verdure dense vous donnera l'impression de participer à une expédition aventureuse. Certains animaux y sont en liberté.

Cela pourrait aussi vous intéresser :

Parc Animalier Escher Déierepark | *64, rue Gaalgebierg, L-4142 Esch-sur-Alzette*
Luxembourg Science Center | *1, rue John Ernest Dolibois, L-4573 Differdange*

PARC MERVEILLEUX / route de Mondorf / L-3260 Bettembourg

LA PLUS GRANDE RÉSERVE NATURELLE DU LUXEMBOURG, DES ANIMAUX ET DES PLANTES RARES : QUI AURAIT PENSÉ QUE CETTE RÉGION FAÇONNÉE PAR L'INDUSTRIE PUISSE DEVENIR UN PARADIS POUR D'INNOMBRABLES ESPÈCES ? PROMENEZ-VOUS DANS LES FORÊTS, DÉCOUVREZ DES ESPACES VERTS ET LES FORMATIONS ROCHEUSES D'UNE COULEUR ROUGE SI SINGULIÈRE.

ZOOM
NATURE

19

Tissé à partir de l'imaginaire

Promenade à Bettembourg

Des corps expressifs et des visages obsédants : cinq figures de bronze ornent la façade du Château de Bettembourg. La composition met en lumière divers aspects de l'existence humaine. Elle a été créée par le sculpteur Rob Krier. Notre regard continue de se promener sur les portes en bois ornées et les hautes cheminées. Le complexe du château jaune, en forme de U, est une particularité du cœur de la ville. Une spécificité : les bâtiments ont été conçus principalement pour l'agriculture. En 1807, le domaine devient la propriété de la famille Collart.

Près de 150 ans plus tard, l'annonce suivante apparaît dans le journal : « Le Château de Bettembourg est à vendre. » La commune acquiert alors le bâtiment ; entre-temps, elle y héberge l'hôtel de ville.

Le château est entouré d'un parc. Vous pourrez y découvrir un petit labyrinthe, des îlots de livres remplis de matériel de lecture, des jardins de plantes aromatiques et des installations artistiques. L'ensemble forme également un cadre féerique pour les événements. Tout d'abord la « Nuit des Merveilles » avec ses spectacles artistiques et imaginatifs et le festival de lecture « LiteraTour ». Non loin de là, une autre oasis de verdure prospère : le parc Jacquinot. Une aire de jeux avec un bateau pirate, des équipements de fitness et un étang idyllique permettent de se divertir. Le parc est également un lieu de commémoration des victimes de la Seconde Guerre mondiale. Un gland géant et un tronc d'arbre forment le monument « Liberty Tree ». Il a été créé par les artistes Lukas Arons et Tom Flick et représente la liberté, la souffrance et l'espoir.

CHÂTEAU DE BETTEMBOURG / 13, rue du Château / L-3217 Bettembourg

Cela pourrait aussi vous intéresser :

Château de Sanem | *rue du Château, L-4992 Sanem*
Château de Mont Saint-Jean | *rue du Mont St. Jean, L-3492 Dudelange*
Schlassgoart | *66, rue de Luxembourg, L-4221 Esch-sur-Alzette*

La Celula

20

L'ancienne laiterie de Bettembourg

Blanc, angulaire, grandes fenêtres à carreaux. Le style Bauhaus à Bettembourg. L'architecture de la Celula se distingue de manière frappante du reste des maisons environnantes, ce qui suscite la curiosité. Le bâtiment angulaire, datant des années 1930, abritait autrefois la Centrale Luxembourgeoise du Lait, ou Celula, la laiterie de la ville. On y produisait du lait, du fromage, du beurre et, surtout, le kachkéis (cancoillote) typiquement luxembourgeois. En 1980, la production a cessé et le bâtiment industriel est resté vide pendant près de 20 ans. Pendant ce temps, l'intérieur de l'usine a été entièrement rénové. Le bâtiment abrite désormais des lofts modernes, divers espaces de travail et une académie de formation pour les sportifs professionnels et les particuliers ambitieux... La conversion du site industriel en un complexe résidentiel et commercial moderne a été l'un des premiers projets de ce type au Luxembourg. À l'intérieur et aux alentours de la Celula, on peut encore trouver des traces de la laiterie. Dans le parc, qui était autrefois de zone de stationnemen pour les camions, on tombe sur un tank à lait en acier inoxydable. Il a trouvé ici sa fonction d'élément décoratif. Pour profiter de l'atmosphère de ce bâtiment particulier rendez-vous au restaurant italien « La Celula » – et observez le bâtiment de l'extérieur en vous attardant sur la terrasse.

CELULA / 67, route de Dudelange / L-3222 Bettembourg

21

Sur les traces de la « Ghost Army »

Le « Beetebuerger Bësch » et ses secrets

Ici, c'est un peu comme si le géant du Parc Merveilleux local avait joué aux Mikados. D'innombrables animaux et plantes ont trouvé refuge dans les troncs d'arbres superposés et recouverts de mousse. Dans la réserve naturelle « Beetebuerger Bësch », la nature a repris ses droits. Les cultures ont été suspendues, seuls les chemins sont régulièrement entretenus. Des sentiers étroits sillonnent des ruisseaux murmurants. La zone compte aussi plusieurs étangs. Aujourd'hui, en se promenant dans les bois de Bettembourg, nul ne se douterait que ce lieu a marqué un tournant dans l'histoire en 1944. Une nuit, des bruits de mouvements de troupes importantes résonnèrent dans le sous-bois et des chars ombragés furent aperçus entre les buissons. Ce qui semblait être le déploiement d'une grande armée était surtout une fabuleuse tromperie.

En effet, en y regardant de plus près, il s'avérait que les chars et les pièces d'artillerie étaient gonflables. Quid des sons ? Il s'agissait d'enregistrements sonores. L'Opération Bettembourg de la Ghost Army américaine s'inscrit alors dans l'histoire militaire. Cette unité « top secret » a réussi à convaincre l'ennemi qu'il avait affaire à 8 000 hommes. En réalité, l'unité ne comptait que 500 GI. Au nord d'Abweiler, juste à côté de la route principale, un panneau historique commémore l'opération. L'histoire d'une armée fantôme, qui fait vraiment peur.

Conseil

Les petits explorateurs ne seront pas en reste au « Beetebuerger Bësch ». En effet, un parcours de 3,5 kilomètres traverse la réserve biologique. Cinq panneaux donnent aux enfants de vastes connaissances sur les arbres, les chauves-souris, etc. Le sentier commence sur la CR163 entre Leudelange et Abweiler.

Cela pourrait aussi vous intéresser :

Centre Wax | *2, rue d'Athus, L-4710 Pétange*
Place de la Résistance | *L-4041 Esch-sur-Alzette*
Crypte de Thil | *rue des Déportés, F-54880 Thil*

GHOST ARMY HISTORICAL MARKER / forêt de Bettembourg / au niveau de la CR 163, route de Bettembourg
entre Leudelange et Abweiler / Bettembourg

Sur les sentiers mystiques

22

Le marais de Bofferdange

Le « Boufferdanger Muer » s'étend entre Fingig et Hautcharage. En vous promenant dans les zones humides, vous découvrirez de nombreux animaux et plantes rares. Plongeons-nous un peu dans l'histoire de l'actuelle réserve naturelle pour y rencontrer, entre autres, les frères Ketten. En 1890, ces deux rosiéristes ont loué le marais pour en extraire la mousse de tourbe. Leurs roses ont été expédiées dans le monde entier, conservées dans ce végétal qui retient l'eau. Ainsi, les fleurs restaient fraîches pendant leur transport.

Vagues de brume fantomatiques, marécages sombres : les marais sont depuis toujours entourés de légendes. Et le marais de Bofferdange ne fait pas exception. C'est ainsi que, aujourd'hui encore, l'histoire d'un château perdure. Il y a longtemps, un souverain au cœur dur aurait vécu dans ce magnifique domaine. Quiconque lui demandait l'aumône était chassé. Jusqu'au jour où un vieux mendiant est entré dans la cour du château. Le prince, selon la tradition de la maison, a lancé les chiens sur lui. Seule une servante a eu pitié et a donné au vieil homme une partie de ses économies. Le mendiant a reconnu son bon cœur, lui a demandé de le suivre et de ne pas se retourner jusqu'à ce qu'il s'arrête. Après une courte distance, ils se sont arrêtés. Quand la fille s'est retournée, le château avait coulé. Seule sa cheminée se dressait encore, esseulée. Son compagnon, en revanche, avait disparu. C'est ainsi que cette histoire est relatée dans le recueil de légendes « Sagenschatz des Luxemburger Landes ». Comme pour toutes les vieilles histoires, de nombreuses versions différentes circulent dans les villages environnants. Laquelle est vraie ? Un voyage dans le marais pourrait vous apporter des réponses.

À proximité :

Sentier des Poètes | *Point de départ 1 : Doihl, 35, rue de la Minière, L-4839 Rodange*

849

23

La brasserie traditionnelle du Sud

Un Eldorado pour les amateurs de bière

La brasserie Bofferding, de renommée nationale, est située dans la commune de Käerjeng. Elle attire immédiatement l'attention. Le bâtiment apparaît dans la même couleur verte que l'étiquette de ses bouteilles de bière. Les coulisses sont dévoilées au premier coup d'œil au travers des immenses baies vitrées. Des milliers de bouteilles de bière sont remplies ici chaque jour. Un écran numérique est apposé sur la façade : il fournit des informations sur le volume de production de bière fraîche. L'histoire de la brasserie commence en 1842, lorsque Jean-Baptiste Bofferding fonde l'entreprise. Depuis lors, elle est fermement restée dans les mains de la famille. En 1975, la brasserie fusionne avec la Brasserie Funck-Bricher. En 2004 vient s'y ajouter la brasserie Battin d'Esch-sur-Alzette. Elles forment désormais la « Brasserie Nationale ». L'eau de source utilisée pour brasser la bière Bofferding provient d'un lac souterrain situé à 300 mètres sous terre, s'étendant de Käerjeng à Bettembourg. Des visites guidées de l'installation de production peuvent être réservées, suivies d'une dégustation de bière, bien entendu. Quant au programme culinaire, le restaurant « An der Brauerei » sert des plats traditionnels dans une atmosphère rustique et chaleureuse. Il ne reste plus qu'à vous souhaiter « Prost an e gudden Appetit ».

Conseil

165 000 hectolitres de bière sont produits par la brasserie chaque année. À l'occasion d'une visite guidée, expérimentez vous-mêmes la production de bière. Les hautes bouilloires en acier laissent échapper un fumet de levure et de malt. Une plongée entre le savoir-faire moderne et l'artisanat traditionnel.

BRASSERIE NATIONALE / 2, boulevard J.-F. Kennedy / L-4930 Käerjeng

Cela pourrait aussi vous intéresser :

Beim Kueb | *24, rue de Luxembourg, L-4391 Pontpierre*
Ancienne Brasserie de Dudelange | *rue de la Brasserie, L-3431 Dudelange*
Pitcher | *27, Grand-Rue, L-4132 Esch-sur-Alzette*

Mrs. X

24

Sur les traces du sculpteur Claus Cito et de son modèle

L'héritage artistique de Claus Cito a laissé son empreinte dans de nombreux espaces publics, et l'on remarque particulièrement que Käerjeng était le centre de son activité créatrice. La maison dans laquelle il est né en 1882 lui servira d'atelier pendant 45 ans. Elle se trouve toujours sur l'actuelle « Place Cito », sur le côté d'un monument impressionnant : le mémorial de Cito aux victimes des deux guerres mondiales. En se tournant vers la place, on aperçoit la sculpture de l'artiste d'une femme agenouillée, qui illumine de blanc le centre de la place. Après avoir servi de sculpture funéraire dans un cimetière pendant des années, elle s'élève au milieu du bassin d'une fontaine depuis 2011. Le regard dirigé vers le bas et oublieux, elle invite à s'attarder sur l'un des bancs. Plus on la regarde, plus on a l'impression de l'avoir déjà vue quelque part. En effet, dans la capitale se dresse son célèbre homologue en or : le mémorial de Cito aux morts de la Première Guerre mondiale, connu sous le nom de « Gëlle Fra ». L'artiste a probablement fait appel au même modèle pour les deux œuvres. En observant l'ensemble de son œuvre, on constate qu'un grand nombre de ses sculptures féminines semblent avoir être inspirées du même modèle. Les spéculations sur sa personne vont bon train. S'agit-il de la sœur du boulanger Marx d'en face, puisqu'elle a révélé peu avant sa mort qu'elle avait posé pour l'artiste ? Ou bien l'allusion de Cito au fait que la tête sculptée était son plus beau souvenir de Bruxelles fait-elle référence à un amour passé dans la ville où il a longtemps vécu ?

PLACE CLAUS CITO / 5, rue de l'Ecole / L-4921 Käerjeng

La liaison ferrée du nord au sud

25

Découvertes de la ligne d'Attert

En marchant ou à vélo le long de l'ancienne ligne de train Attert, il est difficile d'imaginer que des wagons chargés de minerai y circulaient autrefois tous les jours. La proximité de la nature est bien trop grande, les environs bien trop calmes. La ligne traditionnelle doit son nom à son parcours dans les vallées de l'Attert, elle a été créée en 1880 pour le transport de la « Minette ». Elle reliait Pétange à Ettelbruck et permettait le retour de ceux qui se risquaient à travailler dans les mines, du nord du pays vers le sud. Le sentier de randonnée et de cyclisme actuel, long de 57 kilomètres, passe également par Clemency. Un bâtiment élégamment rénové se dresse au milieu d'un cadre verdoyant : l'ancienne gare ferroviaire. En la contournant, on découvre une grande peinture et une plaque en acier. Ils commémorent le dernier train qui s'est arrêté ici en 1967. Le randonneur apprécie également de faire une pause. Un peu de répit ! Transformée en restaurant, la gare est toujours un lieu de passage apprécié. Assis sur la charmante terrasse de la « Brasserie op der Gare », vous pouvez observer l'animation. Des clients venant des différentes directions du chemin pédestre se réunissent à table, les enfants s'amusent sur l'aire de jeux, les terrains de basket et de tennis sont très fréquentés. À proximité, à côté de la chapelle Saint-Maximin, on peut également découvrir l'un des plus vieux arbres du Luxembourg, un tilleul à petites feuilles, doté d'un tronc épais et vieux de plus de 500 ans.

Conseil

Des gardes-barrières vivaient le long des voies en service continu. Un travail difficile, qui était principalement effectué par des femmes. Vous pouvez découvrir leur isolement en suivant la piste cyclable qui part de l'ancienne gare en direction de Grass. Vous y trouverez une maison de gardien sur la droite. Loin de tout, entourée par la nature.

GARE DE CLEMENCY / 1, rue de la Gare / L-4966 Clemency

USA-30100145-S
Restaurant

26

Le souvenir au bord du chemin

Pétange sous le signe de la liberté

Bien camouflé et pourtant incontournable en raison de sa taille réelle, un char militaire américain se dresse à l'entrée de Pétange. La pierre commémorative réalisée par le sculpteur Claus Cito porte l'inscription : « Au premier soldat américain tombé pour la libération de notre pays ». Quelques instants après que le lieutenant Hyman Josefson a franchi la frontière française à Pétange dans un véhicule de reconnaissance, celui-ci a été touché par un obus. Un char identique a été déplacé à cet endroit en son honneur, en souvenir de la date historique du 09.09.1944. Ce jour est également commémoré par une exposition permanente dans la « Maison Rouge » du complexe « Wax », situé juste en face. « 9'44... we shall never forget » est dédiée à ceux qui se sont sacrifiés pendant la guerre. Un accent particulier est mis sur la libération de Pétange, la première commune luxembourgeoise à avoir reçu le secours des Américains. À côté du bâtiment d'exposition se trouve un moulin somptueusement rénové. Lorsqu'il a été abandonné en 1983, il a fallu réinventer la roue (du moulin). Connu aujourd'hui sous le nom de « Centre Wax – Konscht-Millen », ce bâtiment pittoresque propose un large éventail d'activités à ses différents étages. L'auditorium « Um Späicher » offre un programme culturel agréable sous de vieilles poutres de charpente. En outre, le centre abrite des ateliers d'artistes où des cours destinés aux créatifs sont régulièrement organisés. Au rez-de-chaussée, un restaurant spacieux avec un bar à vin invite à s'attarder. Et pour ceux qui ont ensuite envie d'une promenade digestive, dans les environs immédiats, on peut emprunter la piste cyclable et pédestre de l'ancienne ligne d'Attert.

Conseil
Près de la capitale, à Hamm, se trouve le cimetière militaire américain. Des visites guidées, des panneaux et des dépliants donnent un aperçu du déroulement de la libération. Plus de 5 000 morts sont enterrés ici. Hyman Josefson ne se trouve pas parmi eux, il a été enterré aux États-Unis.

Cela pourrait aussi vous intéresser :

Place de la Résistance | *L-4041 Esch-sur-Alzette*

Ghost Army Historical Marker | *forêt de Bettembourg au niveau de la CR 163, route de Bettembourg entre Leudelange et Abweiler, Bettembourg*

Crypte de Thil | *rue des Déportés, F-54880 Thil*

CENTRE WAX / 2, rue d'Athus / L-4710 Pétange

27

La capitale celtique du « Tëtelbierg »

Pas de potion magique pour les Gaulois du Minett

Les Romains savaient déjà qu'il fallait de bonnes chaussures pour gravir le « Tëtelbierg ». Lors de leurs fouilles sur le grand plateau, les archéologues ont découvert de nombreux clous qui étaient fixés aux semelles des chaussures des Romains pour les empêcher de glisser. En gravissant le site archéologique aujourd'hui, il semble plus étonnant à chaque étape qu'une capitale celtique ait été située ici il y a plus de 2 000 ans. Alors qu'on pense être perdu dans la forêt, on arrive dans la clairière : l'oppidum des Trévires - ou plutôt ce qu'il en reste. Il s'agit de l'un des six oppidums construits par les Gaulois belges et il est le seul à avoir servi à la fois de lieu de rencontre et d'habitation. Bien qu'il ne reste aucun vestige des maisons de bois, les innombrables creux dans le sol témoignent de l'extrême densité de la population de la ville. Ici, 5 000 pièces de monnaie celtiques ont été trouvées, ce qui indique que cette époque était marquante à tous égards. Des parties du mur typique de l'oppidum (Murus Gallicus) et un étonnant puits de 27 mètres de profondeur ont été préservés.

Conseil

Si vous souhaitez effectuer un voyage dans le temps aussi détaillé que possible, vous pouvez combiner votre visite avec un détour par le Musée national d'histoire et d'art de la capitale. De nombreux autres trésors provenant du « Tëtelbierg » y sont exposés.

Lorsqu'ils ont établi la Ville de Trèves comme capitale romaine, les Romains se sont également installés sur le « Tëtelbierg ». Ils ont comblé le puits laborieusement creusé et rendu impossible le commerce, qui avait été fructueux jusqu'alors. De nombreux plans de sol en pierre ont également été conservés de cette période au cours de laquelle les Gaulois ont été progressivement déplacés par la grande puissance. Grâce aux panneaux d'information, aux visites guidées, qui peuvent être réservées auprès de la commune de Pétange, et à un peu d'imagination, le visiteur se voit transporter dans la vie quotidienne d'antan.

Cela pourrait aussi vous intéresser :

Musée Archéologique | *32, rue du Maréchal Foch, F-57390 Audun-le-Tiche*

Sentier des

La poésie de la nature

28

Apprécier le lyrisme sur le chemin de la poésie

Poésie, nature et tranquillité. Rares sont ceux qui associeraient spontanément ces termes au sud du Luxembourg, où les maisons sont serrées les unes contre les autres et où le charme industriel domine encore aujourd'hui. Derrière les rangées de maisons, cependant, se cache souvent un petit paradis. C'est également le cas à Pétange. Le haut plateau du Titelberg est entouré d'un paysage naturel charmant et d'un sentier de randonnée particulier.

En 2011, un sentier de poésie a été créé dans le cadre de l'Année internationale de la forêt. Sur un total de 12 stations, des panneaux explicatifs invitent à faire une pause. Elles sont parsemées de citations poétiques d'auteurs luxembourgeois contemporains qui se consacrent au thème de la nature. Les textes en allemand, luxembourgeois et français ont été écrits spécialement pour le projet. Le sentier vous invite à percevoir la forêt avec tous vos sens : ses sons, ses jeux de lumière changeants et ses odeurs. Ces textes offrent la possibilité de comparer sa propre perception avec celle des auteurs et de se perdre complètement dans l'instant. Le chemin offre des vues magnifiques tout au long du parcours. Il y a trois points de départ différents qui permettent de randonner sur des sentiers de différentes longueurs, de quatre à sept kilomètres. Nous vous recommandons de commencer l'itinéraire depuis le stade de football de Rodange.

SENTIER DES POÈTES / point de départ 1 : Doihl, 35, rue de la Minière / L-4839 Rodange

À proximité :

Bofferdanger Moor | *1, croisement CR 101 et CR 111 entre Hautcharage et Fingig*

29

Clapotis du moulin au bord du ruisseau

Au royaume du Millejängi

« Qui ose faire autant de bruit ? » demande un homme aux vêtements traditionnels à quiconque s'approche du moulin de Lamadelaine. C'est le « Millejängi » ou plutôt un acteur dans le rôle du légendaire meunier. Le vrai « Millejängi », Jean Franck, est né en 1883. Cet endroit idyllique a été son domicile jusque dans les années 1950. Réservez une visite guidée avec ce vieux de la vieille du Minett et plongez dans l'histoire de cet ancien bâtiment. Cette maison couverte de lierre a été construite dès le XVe siècle. Sa collection d'anciennes machines et d'anciens meubles nous transporte vers une époque révolue. Dans les moindres détails, le « Millejängi » explique le fonctionnement de l'équipement, raconte sa vie quotidienne et l'art de la meunerie. Le moulin, apprend-on, est resté dans la famille Franck pendant plus de 200 ans. Il a été transmis de père en fils pendant des générations jusqu'à Jean, qui n'avait pas de descendants. Avec lui, les roues du moulin se sont alors arrêtées.

Pour un temps seulement. En effet, en 2007, l'ancien moulin a été classé monument historique. L'ensemble du complexe a été largement restauré. Entre-temps, des visites guidées et un programme varié sont proposés. Des ateliers permettent aux visiteurs de découvrir les différents types de céréales du jardin, de les moudre et de les utiliser ensuite en cuisine. Des soirées musicales et littéraires sont organisées à l'intérieur et des événements en plein air ont lieu au bord de l'étang. Les visiteurs redonnent vie à l'endroit ; bien sûr, s'ils le souhaitent, sous les auspices du « Millejängi ». Pour cela, il est nécessaire de s'inscrire au préalable.

MOULIN DE ROLLING / 134, rue du Vieux Moulin / L-4883 Lamadelaine

30

Du rouge au vert

« Giele Botter », une réserve naturelle riche en histoire

Là où la poussière rouge du minerai de fer s'élevait sous les roues des wagonnets (en luxembourgeois, « Buggys »), on entend désormais de doux gazouillis des oiseaux. La réserve naturelle du « Giele Botter » à Differdange et Pétange était autrefois une vaste zone d'exploitation minière à ciel ouvert. Après sa fermeture, la nature y a repris ses droits. Aujourd'hui, un sentier naturel parcourt cette zone de 250 hectares qui abrite une flore et une faune exceptionnelles. Des centaines d'espèces d'oiseaux, de papillons et de plantes, ainsi que des chauves-souris et des amphibiens rares, sont préservées dans ce paradis naturel le plus pur. Les chemins de randonnée suivent le tracé sur lequel cahotaient les buggies d'autrefois.

Les visiteurs y découvrent un panorama unique. En suivant le sentier naturel géologique, plusieurs panneaux d'information invitent à de courtes haltes. Ils donnent un aperçu de l'histoire et des caractéristiques particulières de la région du Minett. Dans certaines parties de la forêt s'élèvent d'étranges monticules densément compacts et recouverts de mousse et de lichen. Ces roches entassées datent également de l'époque de la mine à ciel ouvert. Aujourd'hui, le vert de la végétation du sol se faufile dans chaque crevasse et fait de ces buttes un endroit à part entière. Les traces de l'industrie sont visibles dans tous les coins. Néanmoins, tout s'est développé pour devenir un paysage naturel unique et diversifié.

Le saviez-vous ?
Le nom « Giele Botter » (beurre jaune) fait probablement référence à la « Botterblum » (renoncule) à fleurs jaunes, qui foisonne dans certaines parties de la région.

SENTIER DIDACTIQUE « GIELE BOTTER » / rue de Titelberg / L-4678 Niederkorn

Cela pourrait aussi vous intéresser :

Sentier pédestre des planètes « De Saturn » | *Stade Jean-Jacoby, rue des mines, L-3816 Schifflange*

49° 32' 47.11" N, 5° 49' 6.28" E
LES RELATIONS TRIANGULAIRES À LA LOUPE

Nous sommes au cœur du sud-ouest, là où se rencontrent la la ville française de Mont-Saint-Martin, la ville luxembourgeoise de Rodange et la ville belge d'Aubange. Le triangle des trois frontières. Une borne frontière indique sa position exacte. Il faut bien l'admettre, elle mène une existence peu exaltante, cachée dans un champ, densément recouverte de végétation. Ici, on ne fait tout simplement pas grand cas des frontières. On les traverse de toute façon plusieurs fois par jour, parfois même sans s'en rendre compte. Travailler, faire du shopping, rencontrer des amis ou aller à un concert en soirée : tel est le quotidien du triangle des 3 frontières. Il donne l'impulsion à une région qui partage une histoire commune et qui est soudée par d'innombrables liens culturels, familiaux et économiques.

Plus visible que la discrète borne frontière, un ballon rond et orange porte l'inscription « P.E.D. ». Il cache le château d'eau de Rodange. Dès qu'un habitant du Minett l'aperçoit depuis l'autoroute, c'est clair : « Mir sinn nees doheem ! » (Nous sommes de retour à la maison !) Ce code secret P.E.D. signifie « Pôle européen de Développement », le nom de la zone industrielle transfrontalière.

Une caractéristique également remarquable du triangle des 3 frontières : le Luxembourg est un lieu de ravitaillement à divers égards. Les faibles taxes sur le carburant, le tabac et les spiritueux font du pays une destination populaire pour une halte. Un véritable kilomètre d'essence se déroule sur la route de Longwy à Rodange, l'une des plus grandes du continent. Une bonne douzaine de prestataires se succèdent les uns après les autres.

EVOLUTION DU NOMBRE DES ACCIDENTS
SECTION: MAÇONNERIE ET TRANSPORT
SECTION: MENUISERIE ET MODELAGE, AT.INT
SECTION:
198

DEMAG

1535°
creative
hub

1535°
creative
hub
HAAPTENTRÉE

31

1535° Creative Hub, à la rencontre du patrimoine industriel

Le premier atelier créatif du Luxembourg

Un creuset de créativité bouillonne ici depuis plus de dix ans. Dans l'ancienne menuiserie de l'aciérie de Differdange, la sciure ne vole plus, mais les idées originales jaillissent. Les anciens halls de l'usine abritent désormais l'atelier de création 1535°. De nombreux esprits productifs se sont installés ici, notamment des designers, des graphistes, des artistes, des agences de publicité, des journalistes, des architectes, des photographes, des cinéastes, des tatoueurs et des start-ups. À l'instar des pôles de créativité à l'étranger, un lieu d'échange pour les artistes, les professionnels de la création et les entrepreneurs a été créé. De cette façon, le patrimoine industriel de Differdange se conjugue avec un développement urbain innovant – et se fond dans une structure moderne. En parlant de fusion, parlons du nom 1535°. C'est le point de fusion du fer. L'industrie reste donc omniprésente à cet endroit : dans le nom ainsi que dans l'apparence extérieure et intérieure du complexe.

Tant d'inspiration et de productivité donnent faim. Les visiteurs peuvent élaborer leurs propres projets créatifs autour d'un repas dans le restaurant adjacent, baptisé « Schräinerei ».

Conseil

Les musiciens professionnels ou amateurs disposent ici de neuf salles de répétition à louer pour une somme modique. Toutes sont équipées d'une batterie, d'un amplificateur et d'une table de mixage. Après tout, le heavy metal fait partie de l'ADN du lieu: ***sonotron.lu****.*
Le collectif de producteurs et de musiciens Unison se trouve juste à côté: ***unison-studios.com****.*

1535° CREATIVE HUB / 115, rue Emile Mark / L-4620 Differdange

Cela pourrait aussi vous intéresser :

Maison Albert Hames | *16, rue de la Bruyère, L-3714 Rumelange*

32

Tic tac tic tac

Sortie dans le parc Gerlache

Le parc de la ville de Differdange abrite un nain. Depuis 1933, il veille dans son petit pavillon sur la belle horloge florale qui orne le parc Gerlache depuis toujours. À l'aide d'un marteau, il frappe une petite cloche tous les quarts d'heure pour donner l'heure. Le parc de la deuxième plus grande ville du Sud apporte de la verdure au paysage urbain. Ses environs valent également la peine de les visiter. De belles demeures bien préservées se trouvent au cœur d'une commune multiculturelle animée. Autour du parc s'étendent le centre-ville, sa zone piétonne, divers restaurants, bars et petites boutiques. Le parc faisait autrefois partie du jardin d'un château qui abritait le domaine d'Alexandre de Gerlache, dont le parc porte aujourd'hui le nom. Il était propriétaire d'une mine de fer dans la section d'Oberkorn.

Dans les années 1920, la commune a finalement acquis l'ensemble de la propriété. Malheureusement, la valeur culturelle du château de Gerlache n'a pas été reconnue et ce dernier a dû céder la place à de nouveaux plans de la ville. Il ne reste que quelques vieux arbres de l'ancien domaine, sur lesquels veille le nain à l'entrée du parc. Malheureusement, le petit homme a été victime d'enlèvements à plusieurs reprises. Le nain d'origine a disparu sans laisser de trace il y a quelques années. Aujourd'hui, son successeur accueille les visiteurs.

PARC GERLACHE / rue du Parc de Gerlache / L-4574 Differdange

Cela pourrait aussi vous intéresser :

Parc de la Fenderie | *78, rue de Rumelange, F-57840 Ottange*

33

Quand la symbiose opère

Le Science Center : une incursion dans le monde de la science

À Differdange, l'étonnement est grand. Chaque jour, de nombreux visiteurs se rendent au Science Center pour explorer les sphères des sciences naturelles. En effet, les musées interactifs savent rendre l'apprentissage particulièrement amusant. Information importante : aucune connaissance préalable n'est nécessaire, le partage de connaissances s'opère à différents niveaux. Un parcours conduit les visiteurs à travers 70 stations expérimentales portant sur des thèmes de physique, chimie, électricité, mathématiques, informatique et technologie. Elles abordent les phénomènes scientifiques (du quotidien) de manière ludique et accessible. On peut toucher ? C'est souhaitable. On va s'amuser ? C'est garanti. Si vous avez toujours voulu jouer au baby-foot avec un robot, vous émerveiller devant la plus grande bobine Tesla d'Europe ou, dans le contexte de la région, faire fondre de l'acier, vous êtes alors au bon endroit. On n'échappe pas à l'attraction des expériences sur les aimants, les spectacles de chimie sont parmi les plus populaires, mais les spectacles d'électricité sont également très intéressants. Le visiteur est un élément indispensable du concept d'exposition interactive.

Et pour ceux qui ont toujours voulu percer les secrets de la cuisine moléculaire : glace sèche, pipettes et autres sont disponibles dans l'atelier qui y est consacré. À propos : même à l'ère industrielle, tout tournait autour de la chimie sur le site du Science Center. En effet, juste en face, vous pouvez encore voir l'ancienne usine à gaz, qui était l'une des plus grandes du monde. C'est également là que se trouvait l'énorme moteur à combustion *Groussgasmaschinn*. Avec l'ensemble de l'usine à gaz, ils constituent désormais un monument national. Outre l'histoire, la chimie et la technologie, d'autres disciplines sont également représentées au centre de connaissances de Differdange. Aujourd'hui, la commune accueille deux universités : LUNEX University et Miami University.

Cela pourrait aussi vous intéresser :

Parc Animalier Escher Déierepark | *64, rue Gaalgebierg, L-4142 Esch-sur-Alzette*
Parc Merveilleux | *route de Mondorf, L-3260 Bettembourg*

LUXEMBOURG SCIENCE CENTER / 1, rue John Ernest Dolibois / L-4573 Differdange

6114
AMTF

Journal d'un voyageur du temps

34

Le Minett Park Fond-de-Gras

« Total : 26 francs, 09 centimes », indique la caisse de l'épicerie. Tout comme le temps, les chiffres se sont arrêtés. Au milieu du parc industriel et ferroviaire, l'ancienne Épicerie Victor Binck vous fait revivre le quotidien des générations précédentes. L'épicerie était autrefois située sur l'avenue de la Liberté à Differdange. Un véritable centre de vie. Café, farine, fromage : jusqu'au début des années 1980, les mineurs y achetaient encore des produits pour leurs besoins quotidiens. Le tiroir le plus important ? Rempli des ingrédients pour la polenta. En effet, de nombreux Italiens étaient venus au Luxembourg pour travailler dans les usines et les mines. Après que l'épicerie a fermé ses portes, le Service des sites et monuments nationaux a repris l'établissement et sa gamme de produits, et l'a rapidement reconstruit dans le parc industriel et ferroviaire. Fond-de-Gras : le nom est dérivé du français « Fond de Grâce ». C'est ainsi que se nommait le site jusqu'en 1900. La vallée était autrefois l'un des sites miniers les plus importants du pays. Aujourd'hui, le musée en plein air permet de découvrir 100 ans d'histoire industrielle. Le restaurant rustique « Bei der Giedel » perpétue la tradition d'une ancienne taverne de mineurs. Le cœur du musée est la gare ferroviaire, une ancienne station de chargement de minerai de fer. Ici, plusieurs voies s'offrent à nous. Le « Train 1900 » relie Pétange au Fond-de-Gras le dimanche après-midi. Des trains historiques circulent sur la ligne ; tels des dragons sifflants, les locomotives à vapeur se frayent un chemin dans le paysage. Une véritable attraction pour les amateurs de chemins de fer. Le chemin de fer minier « Minièresbunn », quant à lui, traverse une ancienne galerie de minerai jusqu'au village de mineurs de Lasauvage, puis jusqu'en France. Embarquement immédiat !

Conseil
Le Fond-de-Gras est le point de départ des draisines. Effectuez une excursion à vélo-rails à quatre places jusqu'au Bois-de-Rodange. Le trajet aller-retour dure 45 minutes au total.

Cela pourrait aussi vous intéresser :

Musée National des Mines de Fer | *1, rue des Mines, L-3714 Rumelange*
Réserve naturelle d'Ellergronn | *rue Jean-Pierre Bausch, L-4114 Esch-Alzette*
Musée des Mines de Fer d'Aumetz | *25, rue Saint Léger de Montbrillais, F-57110 Aumetz*

MINETT PARK FOND-DE-GRAS / 2, Fond-de-Gras / L-4576 Niederkorn

Extrait du livre de recettes de la « Giedel »

35

À table au Minett Park Fond-de-Gras

Le plancher en bois craque doucement lorsque vous traversez la pièce exiguë. Dès le premier coup d'œil, vous apercevez des armoires remplies de porcelaine, des moulins à café et une cuisinière noire. Un piano règne à côté du comptoir. Nous avons comme une impression de nous retrouver dans un autre temps. Le café « Bei der Giedel » repose sur une longue tradition. Vers 1880, Léonard Mullesch, lui-même mineur, ouvre une auberge pour les mineurs de la région. Le nom de l'auberge vient d'Anne, l'épouse de Léonard, qui en est devenue marraine en 1894. En effet, le mot « Giedel » ne signifie rien d'autre. C'est devenu le petit nom de la propriétaire, qui n'a eu de cesse de se transmettre. Il a ensuite été donné à la maison et au café. Des photos en noir et blanc sur les murs témoignent de l'histoire. On y observe les portraits des grands-mères et des filles, les visages en sueur des mineurs qui, réunis autour d'une chope, laissent derrière eux leur pénible travail. Avec la fin de l'exploitation minière dans les années 1950, les habitués ont disparu. Les travailleurs ont été remplacés par des visiteurs et touristes.

L'auberge a appartenu à la même famille pendant plus de 100 ans. En 1986, l'État a acheté la maison en bois noir. Aujourd'hui, « Bei der Giedel » est indissociable de l'ensemble du parc industriel et ferroviaire. Au bon endroit. Les clients peuvent toujours profiter d'une chope rafraîchissante et d'une cuisine luxembourgeoise faite maison. Par beau temps, la grande terrasse vous invite à vous attarder.

Pierre de sorcière et autres expériences à la frontière

36

Promenade dans le village minier de Lasauvage

À chaque pas, on découvre le caractère insolite de Lasauvage. Sa proximité directe de la frontière française présente maintes particularités. Par exemple, le cimetière du village est situé en France. Ainsi, jusque dans les années 1980, un fonctionnaire des douanes devait être présent à chaque enterrement. Certains se souviennent également d'une auberge qui se trouvait juste au niveau de la frontière. Une ligne blanche au milieu indiquait de manière fiable si vous buviez votre bière au Luxembourg ou en France. Le nom du village éveille également la curiosité. Dans les anciennes chroniques, la vallée était appelée « Val de la sauvage femme ». On racontait qu'une femme sauvage vivait dans les grottes. Elle était effrayante avec des yeux brillants et des doigts griffus. Au centre du village siège un rocher calcaire proéminent appelé « Pierre de Cron ». Selon une version de la légende, le rocher a enterré la sorcière sous son poids. Mais même en enfer, elle suscitait une peur fondée et on pensait que la femme était clairement mieux sur terre à la hanter.

Conseil

Chaque dimanche, la « Minièresbunn », un chemin de fer minier à voie étroite, relie le parc industriel et ferroviaire de Fond-de-Gras à Lasauvage. Le trajet de quatre kilomètres est riche en expériences. Le train entre également dans la mine ; une petite visite guidée de la mine est incluse.

À l'exception de cette histoire lugubre, l'endroit est pittoresque et ressemble à une maison de poupée encadrée par des forêts. D'anciennes maisons d'ouvriers aux façades colorées dominent le tableau. Lasauvage abritait l'une des plus anciennes aciéries du pays. Les deux musées locaux méritent le détour. L'un d'eux, dans l'ancien château du propriétaire de la mine, est consacré à l'histoire locale. Il retrace également le destin de 122 jeunes Luxembourgeois qui se sont cachés dans les tunnels de la « Galerie Hondsbësch » pour échapper à l'incorporation dans la Wehrmacht. Le second musée expose, entre autres, des fossiles et des minéraux de la collection du Differdangeois Eugène Pesch.

PARKPLATZ LASAUVAGE / Place de Saintignon / L-4698 Lasauvage

Gléck op !

37

Musée National des Mines à Rumelange

Lorsque le train disparaît dans le sombre gouffre de la mine, un tout nouveau monde s'ouvre à nous. Il fait immédiatement nettement plus frais. La traversée du tunnel dure environ 20 minutes. Ensuite, vient le temps de descendre. Le parcours se poursuit à pied à travers les galeries. Le Musée national des Mines a été fondé en 1973. C'est un lieu d'archives, de collection et d'explications. Le site compte quatre anciennes fosses. La plupart des expositions se tiennent dans les mines mêmes. Il n'est guère possible de vivre la vie quotidienne des mineurs de manière plus authentique. Les guides du musée, dont beaucoup sont des descendants d'anciens mineurs, donnent des récits captivants du travail sous terre et partagent des faits, des histoires et des anecdotes. La mine Walert est connue sous le nom de « souricière », car le chemin du retour vers la lumière du jour était incertain.

Conseil

Les grandes machines exposées dans les tunnels feront la plus grande joie des amateurs de technologie. Locomotives, excavatrice ou « scraper », machine à creuser sont spectaculaires. Elles témoignent de plus de cent ans de développement technique dans l'extraction du minerai de fer.

Aujourd'hui, les visiteurs n'ont rien à craindre, la sécurité est une priorité absolue. Bien protégés par des casques de sécurité, petits et grands vivront une aventure passionnante en visitant les mines. Des visites guidées interactives pour les enfants sont également proposées. Pousser un buggy en combinant vos forces ? Travailler la roche soi-même avec une pioche ? La participation est de mise. De retour à la lumière du jour, vous pourrez explorer le vaste espace extérieur. Le passé minier est omniprésent, à travers les bâtiments, les lieux de chargement ou les machines. Dans le centre des visiteurs, une exposition présente des informations sur l'histoire de l'exploitation minière au Luxembourg. L'aire d'aventure thématique plaira véritablement aux enfants. Dans l'ancien bâtiment administratif de la mine se trouve également une brasserie très appréciée des résidents et des visiteurs.

Cela pourrait aussi vous intéresser :

Minett Park Fond-de-Gras | *2, Fond-de-Gras, L-4576 Niederkorn*
Réserve naturelle d'Ellergronn | *rue Jean-Pierre Bausch, L-4114 Esch-sur-Alzette*
Musée des Mines de Fer d'Aumetz | *25, rue Saint Léger de Montbrillais, F-57110 Aumetz*

SONIC
4
2

38

Sortez le popcorn...

Une expérience cinématographique comme au bon vieux temps à Rumelange

Rechercher l'entrée du cinéma Kursaal ressemble un peu à un film d'espionnage. Au deuxième coup d'œil, tout devient clair : bien caché, se trouve un cinéma très particulier. Les lumières de la salle s'éteignent doucement, le léger murmure dans les rangées de sièges se tait. Le film commence ! Se rendre dans le plus ancien cinéma du pays suscite la nostalgie. Au début du siècle dernier, un restaurateur futé a reconnu le potentiel des images animées. Sans plus attendre, il a agrandi son bistrot pour y inclure une salle de projection. Le premier film a été projeté en 1912. Une sortie au cinéma offrait l'équilibre parfait à la vie quotidienne éreintante de la région du Minette. Le « clap » de fin n'est pas encore donné. Aujourd'hui, les technologies les plus modernes y ont trouvé leur place. D'ailleurs, il n'y a guère d'autre cinéma où l'on dispose d'autant d'espace pour les jambes. En effet, 140 cm séparent les rangées. Dans l'espace VIP sur le balcon, on y sert même des boissons et des petits plats. Les loges dotées de fauteuils club rouges confortables sont uniques au Luxembourg.

Cependant, le « CinéKursaal » n'a pas toujours été le seul cinéma de la ville. Dans les années 1920, les salles de cinéma ont connu une véritable apogée. Un joli bâtiment au centre de Rumelange témoigne de cette époque. Depuis quelques années, le bâtiment est revêtu de rose et se détache nettement de la Grand-Rue. À l'époque où sa couleur était encore authentique, le bâtiment abritait le cinéma « Palace ». Les premiers films y ont été projetés dès 1921. Le propriétaire était un marchand de charbon. Eugène Ungs a géré le cinéma jusque dans les années 1970. Cependant, les traces du « Palace » ont disparu. Plusieurs restaurants se sont installés dans la zone d'entrée au fil des ans. L'étage supérieur a été temporairement transformé en discothèque.

Cela pourrait aussi vous intéresser :

Théâtre municipal de la ville d'Esch-sur-Alzette | *120, rue de l'Alzette, L-4010 Esch-sur-Alzette*
Centre National de l'Audiovisuel | *1b, rue du Centenaire, L-3475 Dudelange*

CINÉ KURSAAL / 8, rue des Martyrs / L-3739 Rumelange

39

Le tourisme créatif au rendez-vous

La Maison Albert Hames à Rumelange

L'industrie n'est pas la seule à avoir façonné le sud du Luxembourg au fil des décennies, la créativité s'y est également développée et prospère depuis toujours. La maison du sculpteur luxembourgeois Albert Hames (1910-1989) ne fait pas exception. Son ancien lieu de travail, avec sa grille métallique artistique à l'entrée, est un bâtiment classé depuis 2011. Il a d'ailleurs conçu lui-même le portail en filigrane. En mémoire de l'artiste, un lieu d'expérience d'un genre un peu différent est en cours d'aménagement, entièrement selon le principe du tourisme créatif. La participation et les essais sont à l'ordre du jour. Les visiteurs peuvent s'immerger dans l'art et la culture de la région via des parcours virtuels et participer activement aux projets des artistes et des organisations culturelles qui y résident. En outre, une visite passionnante de l'ancien atelier du sculpteur et de ses alentours est proposée. On pourrait presque penser qu'Albert Hames vient de poser ses ciseaux, d'enlever ses lunettes et de passer la porte.

Conseil
Une importante sculpture d'Albert Hames peut être admirée dans le parc de Rumelange, une statue représentant Jean-Pierre Bausch, l'un des mineurs les plus connus du Luxembourg. L'ancien maire de Rumelange, qui fut aussi député, était un syndicaliste engagé.

Le concept innovant autour de la maison Albert Hames va continuer de se développer : des ateliers de création, une galerie et un jardin d'hiver sont prévus. Les deux petits bâtiments situés à côté de la maison principale seront également transformés en hébergement touristique. L'endroit idéal pour un détour créatif et riche en expériences au milieu de la tranquillité du Minett.

HAUS ALBERT HAMES / 16, rue de la Bruyère / L-3714 Rumelange

Cela pourrait aussi vous intéresser :

1535° Creative Hub | *115, rue Emile Mark, L-4620 Differdange*

Comédien
Schungfabrik

Histoire de chaussures et de culture

40

Un centre culturel particulier à Tétange

Expositions, théâtre, concerts : la « Schungfabrik » réunit tout cela. Le centre culturel local de la commune est situé, comme son nom l'indique, dans une ancienne usine de chaussures. Elle a été fondée par Mathias Hubert, qui a réalisé le rêve de toute une vie avec son véritable « château de chaussures ». Le bâtiment principal date de 1917 et présente de jolis éléments Art déco. Au vu de la croissance de l'industrie sidérurgique, le cordonnier passionné s'est spécialisé dans la production de chaussures de travail et de sécurité : les « Minettsschung » avec leurs semelles en acier, qui visaient à minimiser le risque de blessure. Ainsi, les travailleurs étaient bien équipés pour leur dur labeur.

En 1966, la faillite est déclarée. Plus de 40 ans plus tard, le bâtiment a trouvé une nouvelle vocation : depuis 2007, le programme du centre culturel est richement rempli. Les différents événements garantissent un mélange inspirant pour tous les goûts. L'usine de chaussures a également été agrandie par un autre bâtiment. Le « Musée Schungfabrik » s'y est installé. Il invite les visiteurs à un voyage passionnant à travers l'histoire locale. À l'aide de médias numériques, il raconte l'héritage industriel local et présente les personnes qui ont façonné la région. Une galerie d'art fait également partie du complexe; son nom fait référence au peintre Emile Kirscht, dont l'œuvre s'est nourrie de l'industrie. Des expositions temporaires y sont proposées.

Le saviez-vous ?

L'ensemble comprend également le musée du travail « MUAR » (Musée vun der Aarbecht). Muar ? Cela signifie justement en luxembourgeois - selon le dialecte parlé par les habitants du Minett – « demain ». En effet, ce musée permet de s'interroger non seulement sur le monde du travail d'hier, mais aussi sur celui de demain. La liberté, le pouvoir, l'argent et les droits de l'homme sont les thèmes de prédilection.

SCHUNGFABRIK / 14, rue Pierre Schiltz / L-3768 Tétange

À proximité :

Ancienne fabrique de lampes de mineurs | *25, rue Pierre Schiltz, L-3768 Tétange*

« PS » : FAITS ÉCLAIRANTS SUR LE « LUTEPITTI »
ANCIENNE FABRIQUE DE LAMPES DE MINEURS À TÉTANGE

En jetant un coup d'œil à la rue Pierre Schiltz, vous suivrez les traces de celui qui fut probablement le plus grand inventeur du village. Aujourd'hui encore, au numéro 25, vous pouvez voir de l'extérieur le bâtiment qui abritait autrefois la « fabrique de lampes de mineur Pierre Schiltz ». Tâtonner dans le noir n'est pas très agréable. Surtout dans les galeries étroites d'une mine. La lumière est indispensable pour travailler en toute sécurité dans son labyrinthe souterrain. Jusqu'au début du siècle dernier, seules les bougies vacillantes et les lampes à huile existaient. Or, aucune des deux n'apportait de grande lumière. À l'époque, de nombreux mineurs souffraient de maladies oculaires et les accidents étaient fréquents. Ce n'est qu'avec l'invention de la lampe à carbure que cette situation a commencé à s'améliorer. Cette lampe offrait une luminosité dix fois supérieure : une différence comme celle entre le jour et la nuit. Mais même ce type de lampe était difficile à utiliser. C'est là que commence l'histoire de Pierre Schiltz. Le « Lutepitti » a élevé la lampe à carbure à un nouveau niveau. Il a constamment développé de nouveaux modèles, comme nul autre.

Conseil

Au Musée national de la Mine de Rumelange, vous pouvez admirer de nombreuses lampes de mineur et même en acheter. Le musée de la Mine Cockerill expose également des lampes de mineur.

Son « Simplex » est apparu sur le marché en 1912. « La lampe la plus simple du monde », comme l'annonçait fièrement la société de vente d'Esch. Toutefois, son ouverture présentait des difficultés. Les mineurs vigoureux ne voulaient aucun obstacle. La lampe fut frappée sans ménagement sur le sol sans autre forme de procès. Ce test de produit robuste a favorisé l'étape de développement suivante : les conteneurs renforcés. Le modèle a été breveté en 1913 sous le nom de « Record 1 » et a fait son chemin dans le monde entier. Un succès à l'exportation. La mort de Pierre Schiltz en 1952 marque la fin de l'ère des lampes à carbure. Aujourd'hui, la « Lëtzebuerger Karbiddslut » est négocié comme une pièce de collection sur les bourses nationales et internationales. Il n'est pas rare de découvrir un « PS » gravé. Les connaisseurs en comprennent la signification : Pierre Schiltz. « De Lutepitti ».

ZOOM
GASTRONOMIE

FRANÇAIS
STEAK DE CHEVAL
ORIENTAL
KEBAB
LUXEMBOURGEOIS
KNIDDELEN
PORTUGAIS
FRANCESINHA

LUXEMBOURGEOIS

GRILLWURSCHT

ORIENTAL

SPÉCIALITÉS ORIENTALES

Un numéro de funambule

41

La station de freinage de Tétange

Dans la forêt, les cabanes suscitent généralement une certaine fascination. Qui les a construites ? À quoi servaient-elles ? Sur la Hesselberg de Tétange, un petit bâtiment perché attire l'attention des promeneurs. Les rails et les buggys entièrement chargés donnent un indice : ici, vous marchez sur les traces de l'histoire industrielle locale. Il s'agit de la station de freinage (Bremshaischen) de la mine de Langenacker. Une vraie particularité qui fait partie du « Minettswee ». À l'époque, une question fondamentale se posait : comment faire descendre le minerai dans la vallée quand la mine se trouve sur une colline ? Avec ingéniosité, on a construit des plans inclinés. Leur principe est similaire à celui d'un funiculaire. Les buggys circulent sur deux voies étroites parallèles, une qui monte vers la colline, l'autre qui descend. Ils sont rattachés au même câble métallique. Toutefois, il est rarement judicieux de laisser un buggy de deux tonnes dévaler une pente. La vitesse a donc été contrôlée à l'aide du dispositif situé dans la station de freinage. Ici, la curiosité n'est pas un vilain défaut. Si vous vous promenez sur le site, vous découvrirez également quelques tunnels de l'ancienne mine. Il est même possible d'y entrer. L'ensemble de la zone a été largement restauré et constitue aujourd'hui un site d'excursion passionnant en pleine nature.

Conseil

Il existe une autre cabane sur le parcours « Minettswee » de Tétange. C'est l'ancienne école en forêt. Elle a été construite à l'époque pour les enfants de travailleurs, afin qu'ils fassent l'expérience de la nature. Vous trouvez l'installation artistique ?

PLACE DE STATIONNEMENT TÉTANGE / rue de Volmerange / L-3790 Tétange

Un lieu de mémoire

42

Léiffrächen et le mémorial des mineurs de Kayl

En vous dirigeant vers « Léiffrächen » (Notre-Dame), vous arrivez à une grotte taillée dans la pierre. Les bougies allumées et les plaques de remerciement laissent entendre que nous nous trouvons sur un lieu de pèlerinage. L'histoire de cet endroit particulier commence en 1753, lorsqu'un forgeron de Kayl nommé Peping fait une découverte inattendue en abattant un arbre. Dans le tronc creux, il trouve une petite statue en bois de la Vierge. Personne n'a pu expliquer comment elle était arrivée là. Peping a sculpté une niche en pierre et y place la statue. Bientôt, d'innombrables pèlerins affluent sur le site, et plus tard, en particulier les mineurs travaillait dans les mines locales. En 1901, la statue originale fut incendiée. Même si elle a été remplacée plusieurs fois, « Notre Dame des Mineurs » est toujours restée un symbole d'espoir. Car travailler dans les mines présentait un danger omniprésent. Les opérations de dynamitage, en particulier, étaient risquées. Le mémorial national des mineurs raconte ainsi le destin tragique de nombreux mineurs. Il est situé juste en face de la grotte. Des marches mènent à une tour d'acier faite de poutres grises. La vue s'étend sur tout le paysage du Minett. Le mémorial commémore les plus de 1 400 mineurs qui sont morts dans les mines de minerai du Luxembourg. Leurs noms sont immortalisés sur les plaques de la cour d'honneur. Des scènes de la vie d'un mineur y sont également représentées. Un lieu de mémoire et un hommage à ceux qui ont passé leur vie à travailler durement.

Conseil

Une vue à contempler. La vue panoramique depuis le monument est impressionnante. Un panneau d'information fournit des détails sur les éléments du paysage que l'on peut voir à l'horizon. Une photo historique sert de base de comparaison.

LÉIFFRÄCHEN / rue Notre-Dame / L-3621 Kayl

TOURS, ORGUES, PIERRES DIVINES

Église Saint-Gorgon à Aumetz (F)
Au premier abord, l'édifice ne ressemble en aucun cas à une église aux yeux du visiteur. La haute tour fait penser à une cheminée d'usine. L'ensemble de la nef, massive, adopte également ce style industriel. Cette église moderne a été construite après la Seconde Guerre mondiale. Le bâtiment qui la précédait a été détruit en 1941.

Église Saint-François-d'Assise à Audun-le-Tiche (F)
L'imposante église a été consacrée en 1934. Le résultat est très loin des plans de construction initiaux. Deux clochers classiques avec des toits pointus étaient notamment prévus. Mais, le manque de fonds à l'époque, a entraîné la construction de plateformes en forme d'étoile pour orner le bâtiment, ce qui lui a donné, dans le même temps, un caractère distinctif.

Chapelle Saint-Éloi à Dudelange (L)

La chapelle est une véritable curiosité. Elle a été construite selon les plans de l'architecte Norbert Mangen. En 1964, elle a été consacrée à Saint-Éloi, le Saint Patron des métallurgistes. Dans cet esprit, le clocher de 24 mètres de haut est constitué de trois poutres en acier. Il symbolise la Sainte Trinité.

L'église Saint-Martin à Dudelange (L)

Dans l'église, qui a été achevée en 1900, d'impressionnantes peintures murales attirent l'attention du visiteur. L'orgue Stahlhuth comptant 5 261 tuyaux est également remarquable. C'est l'un des orgues faisant l'objet du plus grand nombre d'enregistrements au monde. Les mélomanes s'extasient devant sa sonorité orchestrale. Chaque année, le « Festival International de Musique d'Orgue de Dudelange » (FIMOD) est consacré au roi des instruments.

orgue-dudelange.lu

L'église Saint-Joseph à Esch-sur-Alzette (L)

La population de la ville augmentant rapidement au milieu du XIXe siècle, une nouvelle église a dû être construite. Un concours a été organisé et a été remporté par l'architecte d'État Charles Arendt. Les deux tours de la basilique Saint-Joseph dominent le panorama de la ville depuis 1877. C'est l'un des bâtiments sacrés néogothiques les plus impressionnants de la Grande Région.

L'ancienne église de Lasauvage (L)

L'église néogothique de Lasauvage est dédiée à Sainte-Barbe, la Patronne des mineurs. Aujourd'hui, l'ancien lieu de culte a été désacralisé et est utilisé, entre autres, pour des expositions. L'architecture de ce bâtiment pittoresque est inspirée de la Sainte-Chapelle de Paris. Il est intéressant de regarder de plus près les images sacrées sur les vitraux de l'église : les visages des fondeurs locaux et de leurs épouses sont immortalisés ici.

La borne des Quatre Seigneurs (L)

On y trouve également des reliques religieuses de l'époque romaine. En forme d'étoile, cinq chemins mènent des villages de Bettembourg, Peppange, Hellange, Dudelange et Zoufftgen au « Vierherrenmarke ». Ce grès vieux de 1 200 ans faisait partie d'une colonne géante de Jupiter. Ces bornes étaient censées protéger la famille, la ferme et le bétail de tout danger. La base était décorée des portraits de Jupiter, Junon, Hercule et Minerve.

Église Saint-Willibrord de Mondercange (L)

Mondercange est l'un des plus anciens villages du Luxembourg, mentionné officiellement pour la première fois vers 965. Le joli bâtiment baroque de l'église de Saint-Willibrord date de 1738. Son dôme d'oignon est visible de loin. Le chemin de croix a été créé par le sculpteur Albert Hames de Rumelange.

La synagogue d'Esch-sur-Alzette (L)

La vieille synagogue a été construite en 1898. En 1941, elle a été détruite par les occupants allemands pendant la Seconde Guerre mondiale. Le bâtiment actuel a été construit en 1954 et son architecture est basée sur celle du bâtiment précédent. De hauts vitraux avec leurs accents rouges attirent particulièrement l'attention. Ce n'est pas une coïncidence. Après tout, le mot « Esch » signifie « feu » en hébreu. C'est aussi une allusion au pays des Terres Rouges.

Ech war

18

Un peu de sud dans le Sud

43

Le quartier italien de Dudelange

Des personnes passent un pont, portant de lourdes valises. Leur regard dirigé vers l'avant. De l'autre côté, une famille qui les accueille à bras ouverts. Cette sculpture emblématique d'Yvette Gastauer-Claire est située près de la Porte d'Italie, sur le pont qui relie le centre de Dudelange au quartier italien. Les figures de bronze commémorent l'arrivée des immigrants. En effet, la ruée vers le fer n'a pas seulement amené des travailleurs des pays voisins au Luxembourg à la fin du XIXe siècle. D'innombrables personnes sont venues d'Italie en particulier. Des villages ont été transformés en villes et des quartiers entièrement nouveaux ont été créés.

Avec l'industrialisation, le « Quartier italien » s'est également développé. Il était situé à proximité immédiate des lieux de travail. Dans la vallée, des cabanes de l'usine et sur la pente, des mines. En très peu de temps, un quartier résidentiel florissant a été créé, caractérisé par un grand nombre de cafés et une grande convivialité. Le quartier s'étend sur plusieurs étages. Des escaliers en colimaçon et des passages souterrains relient les terrasses entre elles. On se sent un peu transporté dans un village de montagne méditerranéen. C'est un lieu qui nous rappelle de manière impressionnante les flux migratoires ayant façonné le Luxembourg.

D'innombrables photos, cartes postales et lettres : le « Centre de documentation sur les migrations humaines » recherche, collecte et raconte des histoires. Il est situé dans l'ancienne gare ferroviaire du quartier. Construit en 1897, le bâtiment servait autrefois à alimenter les fonderies en charbon. Aujourd'hui, le centre apporte une contribution importante à l'histoire de la migration au Luxembourg et dans la Grande Région. Il organise, entre autres, des expositions temporaires, des conférences et des ateliers. Sa devise : « un musée sans mur ». Des visites passionnantes dans les ruelles du quartier sont proposées régulièrement. Elles donnent vie à l'histoire des habitants.

CENTRE DE DOCUMENTATION SUR LES MIGRATIONS HUMAINES / Gare-Usines / L-3481 Dudelange

---

À proximité :

Centre National de l'Audiovisuel | *1b, rue du Centenaire, L-3475 Dudelange*

TROU
KNOCK
ROCK

Du grand cinéma

44

Sur les traces de la culture cinématographique luxembourgeoise à Dudelange

Des mimiques expressives, une cigarette négligemment coincée au coin de la bouche : quiconque se promène dans le « Quartier italien » de Dudelange remarquera un visage masculin frappant sur l'un des coffrets électriques. L'acteur luxembourgeois Thierry van Werveke était connu sur la scène internationale et est apparu dans d'innombrables productions cinématographiques et télévisuelles. Le graffiti est un indice : non loin de là se trouve le CNA (Centre National de l'Audiovisuel). C'est là que sont conservés tous les films, photos et enregistrements sonores relatifs au Luxembourg. Les archives photographiques contiennent à elles seules plus de 500 000 pièces. Nécessairement, le complexe CNA comprend également un cinéma : le Ciné Starlight. Outre les productions actuelles, on y découvre des trésors des archives, entre autres, pour un pur plaisir cinématographique. Des ateliers et des séances à thème pour les cinéphiles sont régulièrement proposés. La zone autour du CNA pourrait elle-même servir de décor. Cette friche industrielle reconvertie est désormais entièrement consacrée aux arts audiovisuels. La station de pompage (Pomhouse) et le château d'eau à l'architecture attrayante sont également incontournables. Une atmosphère très particulière se dégage des anciennes salles industrielles, à la fois futuristes et nostalgiques. Des expositions temporaires sont à découvrir dans la base et dans l'ancien réservoir de la tour somptueusement restaurée. La plateforme d'observation peut être aisément atteinte par ascenseur. De là, vous pourrez profiter d'une vue sur la ville, le Centre culturel opderschmelz et le paysage environnant digne d'un film.

Le saviez-vous ?

Qui aurait pu deviner que la vieille ville sinueuse de Venise s'étendait autrefois jusqu'aux portes d'Esch ? Des années de travail ont été nécessaires pour créer un plateau de tournage décoré avec opulence sur l'ancien site industriel Rout Lëns, immortalisé entre autres dans « Le Marchand de Venise ».

Cela pourrait aussi vous intéresser :

Théâtre municipal de la ville d'Esch-sur-Alzette | *120, rue de l'Alzette, L-4010 Esch-sur-Alzette*

CineKursaal | *8, rue des Martyrs, L-3739 Rumelange*

CENTRE NATIONAL DE L'AUDIOVISUEL / 1b, rue du Centenaire / L-3475 Dudelange

45

La vierge enchantée

Les ruines du château sur le « Gehaansbierg »

Il était une fois une jeune fille qui vivait recluse dans le Château de Johannisburg. Personne dans le village ne l'avait jamais vue. Pour la population locale, elle était considérée comme une sainte, car elle contribuait au bien-être du peuple. On dit qu'elle est morte cachée, comme elle a vécu. Mais les habitants ne croyaient pas à sa mort. Depuis lors, ils espèrent son retour. Tous les sept ans, elle apparaîtrait au château dans la nuit d'avril à mai, d'abord dans une robe blanche et la nuit suivante sous la forme d'un serpent. Afin d'être libérée de ce sort, elle attend à cet endroit qu'un jeune homme retire la clé en or de la bouche du serpent. C'est ainsi que se raconte la légende de la *Joffer vum Gehaansbierg* (la vierge du Johannisberg). Après tout, que serait un château sans une histoire mystérieuse ?

Entre Dudelange et Kayl, au sommet du « Gehaansbierg », se trouvent les vestiges du Johannisburg. L'origine du château est aussi mystérieuse que sa légende. Elle est estimée aux alentours du XIIe siècle. Les anciennes murailles ont été à plusieurs reprises la cible de conquêtes. Au XVIe, le château a finalement été presque entièrement détruit lors d'une dispute entre le roi français de l'époque et l'empereur Charles Quint. En se promenant aujourd'hui sur le Johannisberg, qui est densément boisé, on ne peut que deviner à quoi ressemblait cet endroit autrefois. Cette ascension ne vaut pas seulement la peine pour l'exploration des ruines du château. Si vous montez quelques marches supplémentaires, vous profiterez d'une vue panoramique sur toute la région depuis la tour de guet de 27 mètres de haut.

Cela pourrait aussi vous intéresser :

Schlassgoart | *66, rue de Luxembourg, L-4221 Esch-sur-Alzette*
Château de Sanem | *rue du Château, L-4992 Sanem*
Château de Bettembourg | *13, rue du Château, L-3217 Bettembourg*

MONT SAINT-JEAN / rue du Mont St. Jean / L-3492 Dudelange

PETZL

46

Prenons de la hauteur

Parcours acrobatique et sentier pieds nus au Parc Le'h à Dudelange

L'expression « être dans les cordes » prend tout son sens ici. Dans le parc d'escalade « Parc Le'h Adventures », 100 ateliers différents attendent d'être gravis. Au sommet des arbres, de nouvelles perspectives s'ouvrent. Sept parcours de différents niveaux de difficulté sillonnent le parc aventure. Montée d'adrénaline garantie. Ponts suspendus, toboggans à cordes, filets : Tarzan se serait amusé dans le Minett. La hauteur maximale est de 17 mètres. Le parcours noir est légendaire. La rumeur dit que sept courageux sur dix n'arrivent pas au bout. Mais ne vous inquiétez pas. Le parc est conçu pour les jeunes et les moins jeunes et pour tous les niveaux de forme physique ; chacun trouvera des ateliers qui lui conviennent. Pour les enfants, une piste dédiée aux Bambini leur permet de s'essayer à des activités adaptées à leur âge.

Même ceux qui sont restés les pieds sur terre peuvent faire de nombreuses découvertes au Parc Le'h. Cette zone de 25 hectares est l'aire de loisirs locale des habitants de Dudelange depuis 1910. La forêt de chênes et de charmes est traversée par un sentier naturel. Pour les enfants, en revanche, le « Kannerwee », long de 1,5 kilomètre, est parfaitement indiqué. Il apporte des connaissances sur la ville et la forêt de manière ludique. Dans les ateliers interactifs, on résout des casse-tête, on saute et on se balance. À quoi ressemblait Dudelange dans le passé ? Quelles sont les espèces d'arbres présentes ? Onze ateliers invitent à la découverte. De nombreuses aires de jeux complètent l'offre. Bien sûr, personne ne reste sur sa faim. Au centre du parc, vous pourrez dîner dans l'élégant restaurant « Parc Le'h ». Pour satisfaire tous les goûts, il propose des spécialités françaises et luxembourgeoises.

Conseil

Enlevez vos chaussures ! Visiter le parc est une expérience pour les sens. Pommes de pin, cailloux, coquilles de noix de coco : dans le plus grand sentier pieds nus du Luxembourg, on expérimente. Le chemin s'étend sur 550 mètres à travers la forêt. Il comprend 19 stations. Et pour quiconque ose prendre un bain de boue, des pédiluves sont disponibles, bien sûr.

Cela pourrait aussi vous intéresser :

Skatepark « Parc and Ride » | *route de Thionville, L-3475 Dudelange*
Karting Mondercange | *152, rue de Limpach, L-39332 Mondercange*

PARC LE'H DUDELANGE / 26, rue Pierre Dupong / L-3449 Dudelange

The haard way

47

La réserve naturelle « Haard, Hesselsbierg, Staebierg »

Au Luxembourg, quiconque entend le mot « Humpen » pense d'abord à une chope de bière. Dès lors, il peut sembler déconcertant d'entendre qu'un « Humpen » se trouve dans la plus grande réserve naturelle du Luxembourg et promet également une vue magnifique. Les visiteurs peuvent se méprendre. Partant en quête d'un rafraîchissement, les voilà qui tombent, au cœur d'une végétation dense, sur un engin à l'aspect particulier. Une sorte de wagonnet qui glissait probablement parfaitement sur les rails jadis. Il s'agit en fait d'un vestige de l'époque où les scories de l'usine sidérurgique de Dudelange étaient déposées aux abords du plateau de la Haard. Un « Humpen » était une benne basculante pour le laitier liquide. Il témoigne du passé minier de la région. Une grande partie des 600 hectares de cette zone est composée d'anciens sites d'exploitation à ciel ouvert. C'est ici que la « minette », un minerai de fer, était exploitée. Des roches rouges, mises à nu, dominaient autrefois le paysage.

Aujourd'hui, tous ces endroits où l'intervention de l'homme fut intensive sont devenus une mine d'or pour la biodiversité. Après l'abandon de l'exploitation minière dans les années 1970, ces zones ont elles aussi été délaissées. Désormais, nous pouvons en admirer toute la magie. La nature a repris ses droits. À ce jour, on y recense 800 espèces de papillons. Même les orchidées s'épanouissent somptueusement sur les sols secs.

Conseil

La réserve naturelle s'étend sur les communes de Dudelange, Kayl/Tétange et Rumelange. Cette promenade promet des paysages à couper le souffle, depuis l'une des plus longues falaises d'Europe jusqu'à une réserve biologique. Les panneaux didactiques jalonnent le parcours des randonneurs sur les deux sentiers éducatifs : la boucle bleue (5,8 km) et la boucle rouge (8,6 km). Ils contiennent des informations sur l'histoire, la flore et la faune.

Cela pourrait aussi vous intéresser :

Sentier pédestre des planètes « De Saturn » | *Stade Jean-Jacoby, rue des mines, L-3816 Schifflange*

Sentier didactique « Giele Botter » | *rue de Titelberg, L-4678 Niederkorn*

OP DER HAARD / Davantage de points de départ / parking rue Shortgen / L-3564 Dudelange

À vos planches !

Skatepark légendaire à Dudelange

Presque tous les jeunes et moins jeunes Luxembourgeois du sud connaissent le skatepark du « Schmelz » à Dudelange – son nom officiel : Skatepark « parc and ride ». Nombreux sont les jeunes qui ont « traîné » ici pendant au moins un été. C'est l'un des plus grands skateparks de la région et il offre une variété d'« obstacles » pour les skateurs, les streetboarders, les BMX, les dirtbikes et les inline skaters. Des « rails » aux « halfpipes », le parcours a beaucoup à offrir.

Le point de repère du skatepark – un bus mis au rancard. Il se trouve en plein centre, et ce, au sens propre du terme. Il a spontanément été transformé en rampe par les skaters. Le club de skate « parc and ride » a complètement réaménagé son intérieur, qui sert également de lieu de rencontre pour les membres. Le skatepark est non seulement le

plus grand de la région, mais aussi le plus légendaire. Chaque année, il accueille l'événement de sports extrêmes le plus important de la Grande Région, le « Dudelange on Wheels » (DOW). Cet événement attire à Dudelange de nombreux Luxembourgeois et amateurs de sports extrêmes des environs. Des skaters, BMXers et inline skaters de toute l'Europe s'y rendent également pour se disputer la première place tant convoitée des compétitions ou, en tant que spectateurs, pour encourager les professionnels qui exécutent leurs figures créatives. Le festival a lieu chaque année en juillet. Les amateurs de musique retiennent également cette date dans leur calendrier. Un programme musical varié, avec des groupes nationaux et internationaux pour une ambiance parfaite !

Conseil

Si le bonheur des skateurs existe à Dudelange, il se trouve aussi à Rumelange, Schifflange et Belval, qui disposent également de skateparks sensationnels..

Cela pourrait aussi vous intéresser :

Parc Le'h Dudelange | *26, rue Pierre Dupong, L-3449 Dudelange*

E MINI, W.E.G.!
QUELQUE CHOSE SE TRAME ICI

En moyenne, le Luxembourgeois boit près de 100 litres de bière par an. Ainsi, le Grand-Duché se place loin devant dans le classement européen, par exemple bien avant d'autres nations adeptes de la bière telles que la Grande-Bretagne ou l'Irlande. Ici, les gens préfèrent trinquer avec une boisson brassée dans le pays. Mais attention dans le sud ! Le « gars du Minett » ne jure que par son jus d'orge local, en d'autres mots le vert et le jaune se boivent, mais en aucun cas le bleu. L'amour de la bière est une tradition. Après une longue journée « op der Schmelz », de nombreux cafés avaient déjà des chopes bien remplies prêtes pour les travailleurs. Le classique : « En Humpen an eng Drëpp », une bière et un schnaps. Parfois, bien sûr, plusieurs bières et du schnaps.

Sur les traces de l'ancien métier de brasseur, on entend toujours des histoires intéressantes. Par exemple à Dudelange, dans la rue de la Brasserie, cela ne se s'invente pas. De grands arbres cachent légèrement le bâtiment de l'ancienne « Brasserie de Dudelange », une brasserie qui n'a existé que pendant 27 ans. Elle a été rachetée en 1964 par la brasserie Funck-Bricher et a fermé peu de temps après. Le bâtiment, qui a été construit dans le style industriel typique du début du XXe siècle, est encore visible de l'extérieur. Les locaux ont été transformés en appartements. Quel amateur de bière ne voudrait pas vivre dans une ancienne brasserie ?

Petit lexique de la bière

- Un **Mini** (généralement 30 cl) est la forme et la taille la plus courante au Luxembourg. Pour la commander comme un pro, on dit : « E Mini, wann ech gelift. »
- La **Flûte** (généralement 30 cl) est servie dans un verre long et fin.
- La **Humpen** (généralement 40 cl) est habituellement une cruche en verre, souvent remplie de bière fraîchement sortie du fût.

Faire le pont

Le viaduc ferroviaire de Russange

Les traces de l'industrie sidérurgique sont indéniablement visibles dans tout le sud du Luxembourg, et au-delà des frontières du pays, en France. On trouve des vestiges manifestes de cette période dans presque tous les villages. Ils comprennent non seulement les bâtiments où l'acier était autrefois fondu, traité et façonné, mais aussi les lignes ferroviaires qui ont joué un rôle important pour le secteur. Elles ont permis d'exporter la précieuse roche et les produits qui en résultent dans le monde entier. Les rails courent comme un fil rouge à travers le pays de la Terre Rouge. En de nombreux endroits, les

traces rouillées sont à peine reconnaissables et sont depuis longtemps envahies par la végétation. Seule la hauteur des buissons donne une idée du moment où le dernier train a dû passer ici.

Si vous regardez depuis le terrain de football de Russange en direction d'Audun-le-Tiche, la vue est dominée par un imposant viaduc, il fait partie de l'ancienne ligne reliant Audun-le-Tiche à Fontoy. De nombreux wagons chargés de l'ancien or de la région, le minerai de fer, circulaient avec fracas sur le pont métallique. Lorsque la dernière mine de la région a fermé ses portes dans les années 1990, le viaduc a également perdu sa fonction. En 1995, la ligne ferroviaire a été fermée. Depuis lors, le pont ferroviaire se détache au milieu du paysage et reste un témoin de cette époque glorieuse.

Conseil

Un autre viaduc ferroviaire impressionnant est situé dans le village français de Thil. Les immenses arches de pierre enjambent le village ; un paysage impressionnant. Attention : Ces deux viaducs ne sont pas accessibles et peuvent seulement être admirés de loin.

PAX

1939 1945
1978

Contre l'oubli

50

La Crypte et la mine de Thil

Des colombes de la paix en terre cuite bordent le chemin, des balcons en pierre avec des sculptures saisissantes dirigent le regard vers une vaste étendue de prairie. Une prairie où se trouvait autrefois un sous-camp du camp de concentration de Natzweiler-Struthof : le « camp de travail d'Erz ». Les prisonniers internés d'Europe de l'Est, en particulier, étaient détenus ici et contraints d'effectuer des travaux inhumains. Des anciennes baraques des prisonniers et de leurs surveillants, seules quelques fondations de murs sont aujourd'hui visibles. Un chemin commémoratif réalisé par des artistes mène à la crypte. « Cette crypte a été érigée afin que le souvenir de ceux qui ont souffert en ces lieux reste présent à la mémoire des hommes », peut-on lire sur la plaque de la façade. Le bâtiment blanc a été érigé en 1946 au-dessus du four de crémation.

Conseil
La mémoire est préservée : des visites guidées de la partie avant de la mine ou une visite de la crypte sont possibles sur rendez-vous à la mairie de Thil.

Au centre de Thil, se trouve l'entrée de l'ancienne mine de minerai de fer, discrètement érigée dans une cour de garage. Des drapeaux fran-çais et russes flottent devant le portail sombre fermé. « Mines de Tiercelet », peut-on lire sur la pierre. Le réseau de galeries abritait une usine secrète de missiles nazis. Après le bombardement de l'usine de la Wehrmacht à Peenemünde, les nazis ont activement recherché des sites de production souterrains. En 1944, des ingénieurs nazis ont fait irruption dans le village et ont rouvert la mine, fermée depuis longtemps. C'est là que devaient être fabriquées les armes dites de représailles V1 et V2. La production a eu lieu sous le couvert de la mine. D'innombrables travailleurs forcés ont dû travailler dans des conditions cruelles dans les tunnels ramifiés ; des centaines d'entre eux sont morts en quelques mois. À l'automne 1944, les Alliés sont aux portes de Thil et les Allemands fuient.

Cela pourrait aussi vous intéresser :

Centre Wax | *2, rue d'Athus, L-4710 Pétange*
Ghost Army Historical Marker | *forêt de Bettembourg au niveau de la CR 163, route de Bettembourg entre Leudelange et Abweiler, Bettembourg*
Place de la Résistance | *L-4041 Esch-sur-Alzette*

CRYPTE DE THIL / rue des Déportés / F-54880 Thil

Un sommet plein d'histoire

51

Le musée des mines d'Aumetz

Tel un géant, un échafaudage jaune s'élève parmi les champs. Il s'agit d'un chevalement de l'ancienne mine de minerai d'Aumetz, en France. Comme un panneau indicateur, il guide infailliblement les visiteurs vers le « Musée des Mines de Fer ». Ici, vous pouvez vous plonger dans l'histoire minière de la localité, qui a débuté en 1900. Il est possible de gravir le chevalement de 35 mètres de haut à pied. Une fois au sommet, la vue s'étend sur le paysage façonné par l'industrie sidérurgique de l'époque. Les rangées de maisons d'ouvriers aux toits de tuiles rouges, qui subsistent encore, sont clairement visibles. Elles donnent une idée du nombre de personnes qu'il fallait autrefois pour extraire le minerai ici.

Le musée se concentre principalement sur les travaux réalisés à ciel ouvert. Néanmoins, au pied du chevalement, on peut se sentir comme un mineur au début de son service. À l'endroit où les travailleurs attendaient autrefois l'ascenseur pour descendre dans la mine, on peut revivre la manœuvre d'embarquement. Les passionnés de technologie ne se contenteront pas d'apprécier la grande machine d'extraction, ils découvriront partout des leviers, des écrans et des boutons. De nombreuses machines sont encore entièrement fonctionnelles, et les démonstrations sont comprises. Un audioguide fournit des informations sur les expositions. Faire de ce site un musée témoin de ce chapitre caractéristique de l'histoire de la Lorraine n'allait pas de soi. Lorsque la mine a été fermée en 1983, les traces de l'exploitation minière ont menacé de disparaître. Au lieu d'extraire le minerai, il fallait alors démanteler le chevalement. Mais une résistance s'est organisée parmi les anciens mineurs. Des bénévoles se sont réunis pour préserver leur équipement en état de marche ainsi que les connaissances sur son utilisation.

Cela pourrait aussi vous intéresser :

Musée national des mines | *1, rue des Mines, L-3714 Rumelange*
Minett Park Fond-de-Gras | *2, Fond-de-Gras, L-4576 Niederkorn*
Réserve naturelle d'Ellergronn | *rue Jean-Pierre Bausch, L-4114 Esch-sur-Alzette*

MUSÉE DES MINES DE FER D'AUMETZ / 25, rue Saint Léger de Montbrillais / F-57110 Aumetz

Vue d'ensemble avec Piot

Villerupt en mutation

Piot, le plus grand. La marionnette de 7,5 mètres de haut regarde curieusement le quartier Micheville, du haut du Belvédère. Piot représente le fils d'un sidérurgiste immigré. Visible de loin, la mascotte raconte l'histoire de la région, sa transformation et sa renaissance. Ce géant d'osier voit des choses intéressantes. La salle polyvalente Jean Moulin se démarque par son ton orange vif. Son pignon Art déco arqué laisse penser qu'il a une histoire à raconter. Le bâtiment a été créé en 1936 par la Société des Aciéries de Micheville comme lieu de douches et bains pour les 4000 travailleurs des usines industrielles voisines. Plus tard, une piscine extérieure a également été construite ; l'eau était chauffée avec le gaz du haut fourneau. Par la suite, le bassin est devenu le terrain d'entraînement de la nageuse Amélie Mirkovitch. Née à Villerupt, elle a été plusieurs fois championne de France et membre de l'équipe de France aux Jeux olympiques d'été de Rome en 1960. Néanmoins, en 1974, l'usine s'est arrêtée et, avec elle, la piscine a également fermé ses portes. Le lieu a été immortalisé dans les années 1990 par Hervé Barulea alias Baru dans sa bande dessinée « La Piscine de Micheville ». L'artiste lorrain est l'un des plus importants dessinateurs de bande dessinée en France. Pendant ce temps, Piot observe avec intérêt un autre développement à Micheville de nos jours : l'émergence et la croissance du nouveau pôle culturel « L'Arche », qui favorise la créativité, les rencontres et la réunion de différentes formes d'art sur 3000 m².

Conseil

Benvenuto! Villerupt est connu pour son festival du film italien depuis le milieu des années 1970. Il a lieu en automne et accueille chaque année plusieurs milliers de visiteurs dans l'univers du cinéma.

A proximité :

Mur alvéolé | *Rue Gambetta, F-54190 Villerupt*

Les secrets du mur alvéolé

53

L'ouvrage le plus énigmatique de Villerupt

En visitant Villerupt, trois ouvrages sautent immédiatement aux yeux : la mairie, l'église paroissiale de la-Nativité-de la-Vierge – et le... oui quoi en fait ? Dans la rue Gambetta se dresse un long mur dans lequel des trous remarquables ont été creusés. Il ressemble à une ruche avec d'énormes nids d'abeilles. Comme souvent, la solution de l'énigme se trouve dans le passé industriel. Le mur long de 1,5 kilomètre appartenait à l'Usine de la société des mines de Meurthe-et-Moselle, détruite lors de la Première Guerre mondiale, puis à l'aciérie d'Aubrives. Au fil des années, les cellules ont servi de locaux de stockage d'appareils, de bureaux – on peut encore y observer les traces des escaliers et des ascenseurs qui y étaient installés – mais aussi de logements temporaires pour les travailleurs. Au milieu du siècle dernier, pas moins de 1 800 personnes travaillaient pour l'usine, en sus des centaines de mineurs qui étaient employés dans la mine de fer qui lui était rattachée. L'usine a fermé dans les années 1960 ; le mur est resté une relique façonnant le paysage urbain. C'est sous une lumière toute particulière qu'il brille lors de la fête nationale française du 14 juillet. Le traditionnel feu d'artifice est alors tiré du haut du mur alvéolé.

Conseil

Plusieurs anciens quartiers populaires avec leurs longues rangées de maisons caractéristiques s'étendent sur les collines de Villerupt. Ici, il est possible de retracer jusqu'à nos jours la vie quotidienne à l'époque industrielle. À Aumetz (F) et à Lasauvage (L), d'autres agglomérations bien conservées méritent un coup d'œil. Le quartier Hiehl à Esch-sur-Alzette ou le quartier Brill à Dudelange possèdent également un charme particulier.

MUR ALVÉOLÉ / rue Gambetta / F-54190 Villerupt

À proximité :

Ancienne piscine (Salle Jean Moulin) | *838, avenue Salvador Allende / F-57390 Audun-le-Tiche*

L'Europe à nos portes

54

Le parc de la Fenderie à Ottange

Sur trois côtés, le parc de la Fenderie est entouré des lotissements de Rumelange. Autre caractéristique bizarre : dans la rue des Martyrs, juste à côté du parc, une frontière nationale est parallèle à la route. Vous roulez donc d'un côté de la route au Luxembourg et de l'autre en France. Le parc appartient à la commune d'Ottange, mais en tant que lieu de détente, il parvient à attirer les habitants des deux pays. Alors que les voisins adultes partagent un banc, les enfants vivent déjà le concept de l'Europe ici dans le bac à sable.

Aujourd'hui, le Kaylbach murmurant et sa passerelle qui l'enjambe pourraient constituer un tableau de Claude Monet. Or, de son vivant, cette idée aurait pourtant été impensable. En effet, au début du XIXe siècle, une usine sidérurgique s'y trouvait et a été en activité pendant des décennies. Pour ainsi dire, l'industrie dominait les environs et le cours d'eau était pollué.

Les communes ont pris en charge conjointement la revalorisation du lieu, scellant ainsi l'amitié transfrontalière. Le patrimoine industriel reste néanmoins présent : des installations métalliques alimentées en eau et des panneaux d'information rappellent l'importance historique du site. Un escalier relie également le parc à l'ancienne mine de fer « Hierzesprong ». Aujourd'hui, le site accueille un lotissement. Ses habitants peuvent régulièrement avoir le sentiment d'être en vacances. Il leur suffit de descendre dans le Parc de la Fenderie pour pouvoir se détendre à l'étranger.

Cela pourrait aussi vous intéresser :

Park Gerlache | *rue du Parc de Gerlache, L-4574 Differdange*

PARC DE LA FENDERIE / Parc de la Fenderie / 78, rue de Rumelange / F-57840 Ottange

ZOOM
URBAN ART

* NATALIA RAK : « A.D 2117 »
2017
ESCH-SUR-ALZETTE

KUFA'S URBAN ART ESCH

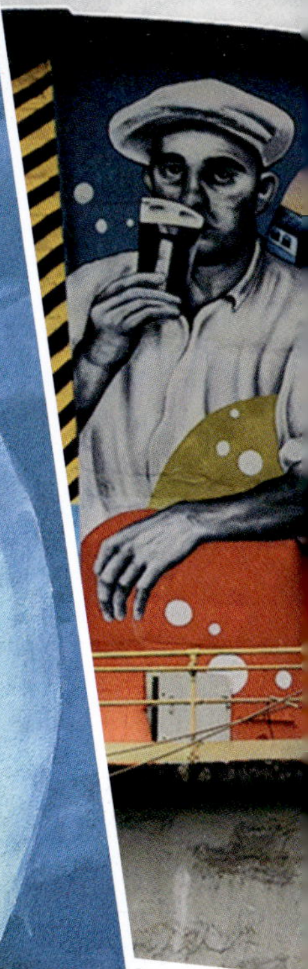

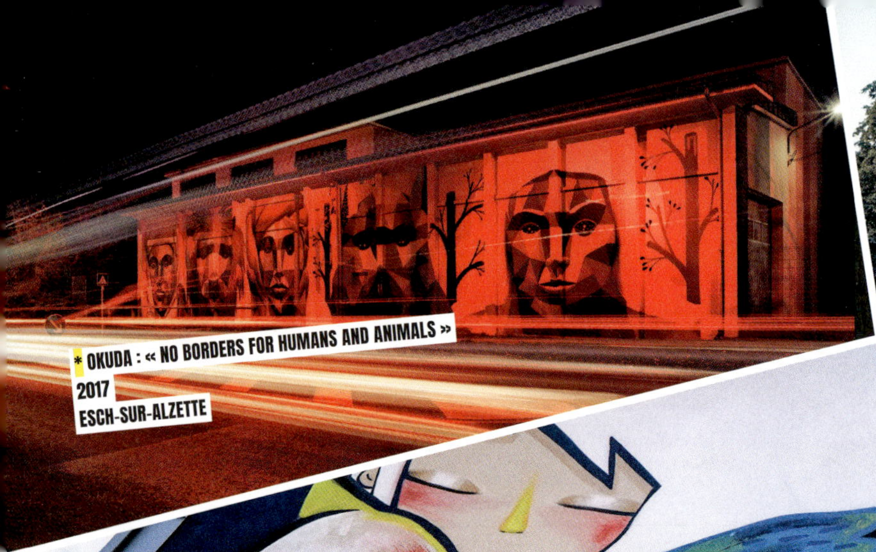

* OKUDA : « NO BORDERS FOR HUMANS AND ANIMALS »
2017
ESCH-SUR-ALZETTE

* HELE
2018
ESCH-

* JULIETA XLF : « NICTE-NOCHE »
2018
ESCH-SUR-ALZETTE

BUR : « LIVING TOGETHER »

UR-ALZETTE

* MIKA : « THE IRON AGE »
2017
ESCH-SUR-ALZETTE

* DAVID SONER : « LUNA PARK »
2021
ESCH-SUR-ALZETTE

* ALESSANDRA CARLONI : SANS TITRE
2017
VILLERUPT

6 000 lettres d'amour

55

Sur les traces de l'histoire de France à Boulange

Visiter Boulange donne inévitablement faim. Des images nous viennent immédiatement à l'esprit : croissants, baguettes et produits de boulangerie fine. Et pourtant, il n'y a pas beaucoup plus de boulangeries à Boulange qu'ailleurs. Au XIIe siècle, le village est mentionné pour la première fois sous le nom de « Bollingen ». L'énigme du nom est résolue.

Le village comprend également le quartier traditionnel de Bassompierre. Ici, faire un détour par la chapelle de St. Luc de Bassompierre en vaut la peine. Les premières traces de cette chapelle remontent à 1133. Au XVIIIe siècle, le bâtiment sacré a été agrandi. À l'intérieur se trouvent plusieurs sculptures de saints classées monuments historiques. Dans le cimetière adjacent, de vieilles croix funéraires rappellent la longue histoire de ce lieu. La chapelle appartenait autrefois au château de Bassompierre. C'était le siège ancestral de la famille noble lorraine du même nom. Il a acquis sa célébrité grâce à François de Bassompierre (1579-1646), qui n'était pas moins que le modèle du courtisan français de son temps. On dit qu'il était particulièrement intelligent et beau, mais qu'il s'adonnait excessivement au luxe et à l'amour. Certaines histoires mouvementées tirées de ses mémoires ont même été reprises par des personnalités littéraires telles que Johann Wolfgang von Goethe. Ses relations politiques, mais aussi ses plaisanteries sarcastiques, lui avaient attiré la haine du Cardinal Richelieu. François de Bassompierre a finalement été arrêté et enfermé à la Bastille. Pas sans avoir d'abord brûlé rapidement 6 000 lettres d'amour, comme le dit l'histoire. Richelieu a également veillé à ce que le château familial de Bassompierre soit détruit en 1635.

CHAPELLE ST. LUC DE BASSOMPIERRE / 22, rue de la Chapelle / F-57655 Boulange

* DANIEL MACLLOYD : « LIKE A FISH IN THE SEA »
2017
ESCH-SUR-ALZETTE

ALAIN WELTER : « BREAK FREE »
2019
BETTEMBOURG

SANDRA BIEWERS : « HERJA »
2020
« ESCHER BIBLIOTHÉIK », ESCH-SUR-ALZETTE

LES COULEURS FONT PARTIE DE L'IDENTITÉ D'UNE RÉGION. DES GRAFFITIS ARTISTIQUES ORNENT L'ESPACE PUBLIC, COMME LES TOURS DE REFROIDISSEMENT DE DIFFERDANGE : UN VRAI COUP DE CŒUR ! LES ESCALIERS DE LA BIBLIOTHÈQUE D'ESCH SONT POÉTIQUES. ET MÊME LES MURS DES MAISONS SE MUENT EN MONDES IMAGINAIRES ET INVITENT À LA RÊVERIE. L'ART S'EXPRIME DANS LES RUES.

* ALAIN WELTER : « NATURE HAS MUSIC »
2018
ESCH-SUR-ALZETTE

* LISA JUNIUS : « MAGICAL NATURE »
2018
ESCH-SUR-ALZETTE

ALAIN WELTER : « FIVE COOLING TOWERS »
2020
DIFFERDANGE

* FRAU ISA : « WITH EASE »
2017
ESCH-SUR-ALZETTE

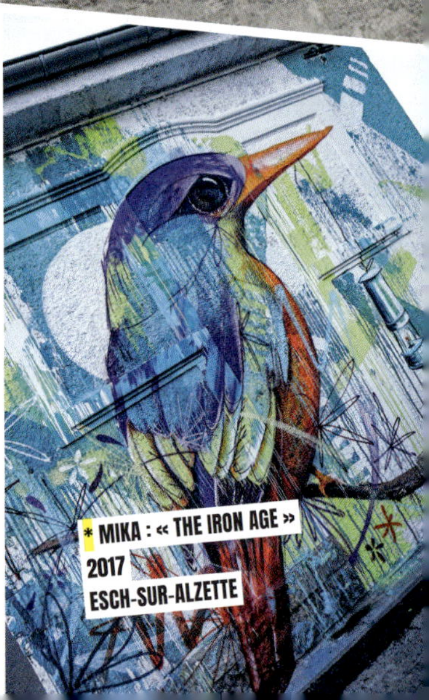

* MIKA : « THE IRON AGE »
2017
ESCH-SUR-ALZETTE

Des dieux, des tombes et de la vaisselle

56

Le Musée archéologique d'Audun-le-Tiche

Jupiter trône sur sa monture, l'expression figée. Un spectacle sublime, même si le cheval présumé a perdu sa tête et ses jambes au fil des siècles. Le « Cavalier à l'Anguipède » est l'un des objets exposés les plus célèbres du Musée archéologique d'Audun-le-Tiche. Les salles d'exposition sont situées dans l'ancienne église protestante. Une atmosphère sacrée qui met particulièrement en valeur les pièces historiques. Au rez-de-chaussée, vous pourrez voir des pièces de monnaie romaines, des céramiques, des armes en fer et des objets de la vie quotidienne bien conservés, comme des boucles de ceinture et un peigne en os. L'étage supérieur est consacré à une impressionnante collection d'ouvrages de pierre. Il s'agit notamment d'anciennes représentations de dieux, mais aussi d'une croix pattée du VIIe siècle unique en Europe.

La plupart des découvertes proviennent d'Audun-le-Tiche même. La ville peut en effet se targuer de compter d'importants sites archéologiques. Parmi eux, figure un temple gallo-romain. Il existe également un cimetière mérovingien à l'orée de la forêt. La nécropole compte environ 200 tombes. Tous les secrets sont encore loin d'être mis à jour. Une visite du site est possible sur rendez-vous auprès de la Société audunoise d'Histoire locale et d'Archéologie.

Et, bien sûr, une autre histoire à ne pas manquer : la plupart des gens connaissent Audun-le-Tiche au moins lorsqu'il est fait mention de Villeroy & Boch. François Boch a commencé à y fabriquer ses produits en céramique en 1748. La demande était si forte que la société s'est rapidement développée et a commencé la production des premières séries industrielles au Luxembourg avec la fondation de son usine de fabrication. Ce qui n'était au départ qu'une petite poterie est aujourd'hui une entreprise mondiale. La collection « Audun » rappelle ses débuts en Lorraine – et peut bien sûr être contemplée dans le musée.

MUSÉE ARCHÉOLOGIQUE / 32, rue du Maréchal Foch / F-57390 Audun-le-Tiche

Cela pourrait aussi vous intéresser :

Tëtelbierg | *2, Fond-de-Gras, L-4576 Niederkorn*

Travailleurs frontaliers

57

Découvertes autour de Rédange

Alexandre Dumas, Jane Austen, Jules Verne : quiconque attend le bus à l'arrêt *Rédange Mairie* peut se réjouir d'une compagnie triée sur le volet. Dans l'abribus est suspendue une boîte en bois rouge remplie de trésors littéraires. Le bus pour Luxembourg est sur le point de tourner au coin. C'est à deux pas au Grand-Duché ; la frontière est à environ un kilomètre. Jusqu'en 1602, la petite localité était un fief du Luxembourg. Rédange respire l'idylle rurale. Visible de loin : la tour de l'église Saint-Brice. On peut apercevoir le clocher, quelque peu caché, de l'église Saint-Quirin, datant de 1753, autour duquel le lierre s'enlace comme l'histoire. Lors d'une visite, une promenade autour de l'étang du stade offre des vues pittoresques. Les pêcheurs ne sont pas les seuls à profiter des eaux poissonneuses. C'est ici que commence le sentier de randonnée de 5,5 kilomètres de long « Boucle de Belval », qui traverse la pittoresque vallée de la rivière Beler jusqu'au Luxembourg.

Mais dans le passé, Rédange était aussi un site industriel. Jusqu'en 1929, elle abritait une usine sidérurgique. Se promener dans la région est une incursion parmi des vestiges qui disparaissent lentement. Les traces de la ligne de chemin de fer Rédange-Hussiny-Godbrange sont visibles dans la végétation dense. La ligne a fonctionné jusqu'en 1969 et était réservée aux mineurs. Les ruines d'une ancienne gare sont encore visibles. Une enseigne rouillée avec la mention « Rédange (Moselle) Adlergrund » rappelle l'ancienne fonction des murs. L'ancien tunnel ferroviaire *Adlergrund* n'échappe pas non plus aux regards attentifs. Certains affirment que c'est un portail ; sans doute dans un passé lointain…

Cela pourrait aussi vous intéresser :

Lasauvage | *parking Lasauvage, place de Saintignon, L-4698 Lasauvage*

DICTIONNAIRE DU MINETT

Minetter / E Minettsdapp
C'est ainsi que l'on nomme les habitants du sud du Luxembourg. Un terme qui fait bien sûr référence à la minette, le minerai de fer.

Mëtsch
Un biscuit qui accompagne le café du matin. À Luxembourg-ville, ce biscuit s'appelle Kaffiskichelchen. Distantes d'une quinzaine de kilomètres à vol d'oiseau, le sud et la capitale sont souvent deux mondes différents !

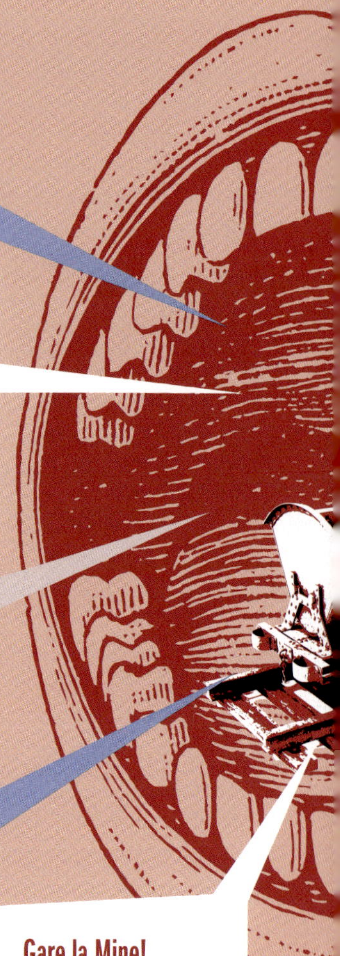

Kapp net méi lass, wéi's de geschëppt kriss.
Cette expression n'est pas seulement vraie dans l'industrie minière : ne te surmène pas !

Nidderkäerjeng (LU), Bascharage (FR)
Rolléng (LU), Lamadelaine (FR)
Steebrécken (LU), Pontpierre (FR)
Däitsch-Oth (LU), Audun-le-Tiche (FR)
Les noms de lieux au Luxembourg, c'est toute une histoire ! Ils peuvent être radicalement différents d'une langue à l'autre.

Gare la Mine!
Fais attention à toi ! C'était la mise en garde employée dans les mines pour prévenir d'une explosion.

Moar, Goar, Mär, Där

Ce sont des expressions ou accents typiques du Sud pour « muer » (demain), « Gare », « mir » (nous, moi), « dir » (vous).

Vun der Long op d'Zong

Le « Minetter » ne mâche pas ses mots, il a son franc-parler. Littéralement : des poumons sur la langue.

Buggy(s)

Wagonnets pour transporter le minerai de fer dans les mines.

Fléif(l)ank (Differdange)
Pappeljong (Rodange)
Päipameel (Rumelange)
Pimpampel (Dudelange)

Dans le Minett, il existe de nombreux noms pour désigner un papillon. Ces jolis insectes colorent de leur présence les anciennes mines à ciel ouvert.

Platt wéi e Sou

Être épuisé par un travail harassant. Littéralement : plat comme un sou.

CALENDRIER

Février

Buergbrennen

dans plusieurs communes
Dans tout le Luxembourg, des croix de paille flamboyantes illuminent le ciel nocturne le premier dimanche du Carême. Le feu crépitant est censé chasser l'hiver. Un véritable spectacle et surtout un lieu de rencontre convivial.

Février / mars

Cavalcades

dans plusieurs communes
La cavalcade de Pétange est le plus ancien et le plus grand cortège de carnaval du pays. Les défilés d'Esch-sur-Alzette et de Schifflange attirent également d'innombrables fêtards. Kayl-Tétange a sa propre cavalcade d'enfants. Une spécificité luxembourgeoise : les célébrations ont lieu à la moitié du Carême, les « Halleffaaschten ».

Mi-avril

LiteraTour

Bettembourg
Ce festival littéraire de deux semaines se déroule au moment de la Journée mondiale du livre. Dans toute la commune, on y lit, on se produit, on joue avec les mots.
literatour.lu

Mi-juin

Les Francofolies

Esch-sur-Alzette
Ce festival de musique se déroule sur le « Gaalgebierg » et attire chaque année au Luxembourg les grands noms de la pop francophone.
francofolies.lu

Mi-juin

Fête de la musique

Dudelange, Kayl-Tétange, Ehlerange
Pile au début de l'été, des musiciens amateurs et professionnels se réunissent dans les rues, les cafés et les parcs. Des villes entières sont transformées en une scène géante.
fetedelamusique.lu

Luxembourg, 23 juin

Fête nationale luxembourgeoise

dans toutes les communes du Luxembourg
La vraie fête commence la veille. Partout dans les rues, on fait la fête, on danse. Les feux d'artifice ne manquent pas non plus.

Début juillet

Fête des hauts fourneaux

Esch-sur-Alzette
Une grande fête populaire avec pour toile de fond les hauts fourneaux de Belval. Des ateliers et des stages attendent les visiteurs. Un programme musical varié est également proposé
fonds-belval.lu

France, 14 juillet

Fête nationale française

dans toutes les communes en France
Ce jour férié commémore la prise de la Bastille et le début de la Révolution française. Pour ceux qui préfèrent le shopping, il y a une « Braderie française » annuelle à Esch.

Mi-juillet

Nuit des Merveilles

Bettembourg
La « Nuit des Merveilles » est un spectacle pour les sens. Jongleurs, créatures mythiques et artistes de haut niveau enchantent le parc du château et les rues environnantes.
ndm.lu

Juillet

Luxembourg Pride Streetfest et Parade

Esch-sur-Alzette
La Prideweek est une déclaration en faveur de la diversité et de la tolérance. Les points forts sont la grande parade et le festival de rue à Esch !

Fin juillet

Luxembourg Beach Open (LBO)

Esch-sur-Alzette
Soleil, sable et sport : l'événement de volley-ball donne une ambiance de plage au « Gaalgebierg ». Le soir, une fête d'été animée avec de la bonne musique est organisée.
evbc.lu

Mi-juillet

Dudelange on Wheels

Dudelange
Que ce soit sur des BMX, des skateboards ou des roller-skates, le skatepark devient le théâtre d'exploits audacieux, sur des rythmes endiablés. Bienvenue au concours des experts, qui attire également des professionnels de l'étranger.
dow.lu

Mi-juillet

Blues Express

Minett Park Fond-de-Gras et Lasauvage
Le meilleur du blues et du jazz dans deux lieux fascinants. Plusieurs scènes et spectacles ambulants attendent les visiteurs. Le train de la mine relie les deux sites, un service de navette d'un genre particulier.
bluesexpress.lu

juillet / août

Braderies

dans plusieurs communes
Chasseurs de bonnes affaires, attention ! Pour les soldes et la fête de rue, rendez-vous aux braderies.

Début septembre

Escher Kulturlaf

Esch-sur-Alzette
Les circuits conduisent les participants devant les principales institutions culturelles de la métropole du Minett. Les coureurs sont encouragés par des orchestres nationaux et internationaux.
kulturlaf.lu

Mi-septembre

Butschebuerger Buergfest

Dudelange
Le plus grand festival médiéval de la région avec des tournois de chevaliers, un marché animé, de la musique et des jongleries ainsi que de nombreux détails charmants.
buergfest.lu

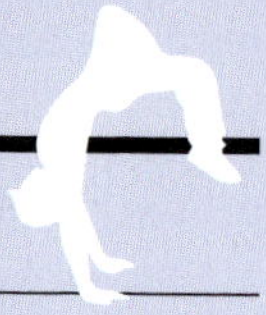

Mi-septembre

Nuit de la Culture

Esch-sur-Alzette
Une soirée magique avec d'excellentes performances artistiques en direct, des concerts, du théâtre de rue, des projections de films et des expositions. Un pur plaisir culturel !
nuitdelaculture.lu

Mi-septembre

Steel Run

Differdange
La rencontre du jogging et du tourisme. Le parcours mène à des endroits inhabituels différents chaque année. Ainsi, les coureurs passent parfois dans un supermarché, des écoles ou des stations de lavage…
steelrun.lu

Fin septembre

Steampunk Convention

Minett Park Fond-de-Gras
Entre les locomotives sifflantes, l'ère victorienne reprend vie. Des créations mécaniques originales, l'art et la musique captivent petits et grands. Les costumes des visiteurs sont également un régal pour les yeux.
anno1900.lu

Début octobre

Red Rock Challenge

dans toute la région
Pendant deux jours, le Minett fait la part belle aux compétitions de VTT, de course à pied et de marche nordique.
rr-challenge.lu

Début novembre

Festival du Film Italien

Villerupt
Le festival du film italien fait partie intégrante du calendrier culturel depuis 1976. Environ 70 films italiens sont présentés à chaque édition. Benvenuto !
festival-villerupt.com

Début juillet et novembre

Summer- und Wanterfeeling

Sanem
Lumières, feux de joie, friandises : dans l'atmosphère du parc du château, un marché exclusif vous invite à flâner. Des spécialités culinaires, de la musique et des animations pour petits et grands sont également proposées.

4 décembre

Bärbelendag

plusieurs communes du L et de la ...
Sainte Barbe est la patronne des mineurs. Même si les dernières mines ont été fermées il y a plusieurs décennies, les célébrations de la « Bärbelendag » font partie du patrimoine culturel. Dans de nombreux endroits, des parades ont lieu et des pétards retentissent.

24 décembre

Steelpunch

Esch-sur-Alzette
Le soir de Noël, tout le monde trinque dans une atmosphère festive sur la Place de la Résistance. Bien sûr, la boisson culte « Steelpunch » est incontournable.

DES HÔTELS AUX DIFFÉRENTES FACETTES

Maisons dans les arbres, « Escher Gaalgebierg »

Une cabane dans les arbres : un mot magique qui réveille des souvenirs d'enfance. Aventure, liberté et confort. Les maisons d'hôtes de l'« Escher Bamhaiser » sur le Gaalgebierg sont idéales pour les explorateurs, jeunes et moins jeunes. « Les yeux dans les yeux avec les oiseaux, dormir dans les couronnes d'arbre », la publicité ne fait pas de vaines promesses. Situées au milieu du parc animalier de la ville, le « Déierepark », les maisons amoureusement meublées de Maisy, Mia Morilla et Dr. Dachs peuvent accueillir jusqu'à 4 ou 6 personnes.

🌐 ***bamhaiser.esch.lu***

Maison Rosati, Réserve naturelle d'Ellergronn

Les véritables amoureux de la nature qui recherchent une intimité totale et veulent vraiment se détendre sont au bon endroit à la « Maison Rosati », au milieu de la réserve naturelle d'Ellergronn. Ici, on déconnecte au sens littéral : il n'y a ni électricité ni eau courante. Quatre litres d'eau et du bois pour le barbecue sont inclus dans chaque réservation. L'ameublement est très simple, la terrasse privée avec coin barbecue est spacieuse, la magie du feu de camp est garantie !

🌐 ***ciglesch.lu/maisonrosati***

Château de Clemency, Clemency

Il est l'un des nouveaux venus sur la scène hôtelière régionale et raconte en même temps une histoire centenaire : le « Château de Clemency » du XVIIe siècle se dressait autrefois seul à côté de l'église et du cimetière du village ; il est aujourd'hui entouré de maisons résidentielles. Lorsque son propriétaire actuel l'a acquis, c'était un bâtiment délabré. Après plusieurs phases de rénovation, il a créé une charmante maison d'hôtes avec cinq chambres meublées de manière créative. Les pièces sont conçues selon des thèmes tels que « Les années 20 » ou « Sherlock ». La « Black & White » est un hommage à la région du Minett et à ses travailleurs, tandis que la salle de bains noire avec des niches éclairées rappelle un tunnel. La cuisine du château et la salle à manger voisine sont à la disposition de tous les hôtes ; vous y êtes accueillis aussi bien pour une nuit que pour plusieurs semaines.

chateaudeclemency.lu

Pour de plus amples informations sur un séjour dans la Minett, rendez-vous sur visitminett.lu.

Conseil

Dans le cadre du projet Esch2022, Capitale européenne de la culture, d'autres hébergements exceptionnels ont été créés. Le long des 90 kilomètres du Minett Trail, des auberges particulières (Kabaisercher) attendent les clients. D'un ancien wagon de chemin de fer à la tour d'entrée du Parc merveilleux de Bettembourg en passant par une ancienne école. Un projet s'inscrivant dans un concours organisé par la Chambre des architectes et ingénieurs-conseils du Luxembourg (OAI).

SUR LES ROUTES À LA FAÇON D'UN HABITANT DU MINETT

Prendre le bus et le train sur un coup de tête ? Pas de problème au Luxembourg. Les transports publics locaux sont gratuits ! Les horaires sont consultables sur *mobiliteit.lu* ou dans l'appli du même nom. En France, le site *fluo.eu* et l'application *Fluo Grand Est* renseignent sur le réseau et les horaires.

À pied

Au Luxembourg, les distances sont courtes. Vous pouvez facilement vous déplacer à pied dans les communes ; il existe souvent des systèmes d'orientation ingénieux. Il n'y a également que quelques kilomètres entre les différentes localités. Vous aimez randonner ? Sur *visitminett.lu*, vous trouverez une liste de suggestions de circuits à faire dans le pays des Terres Rouges. Ne vous privez pas non plus d'une visite en France. Les sentiers pédestres de la région sont répertoriés sur *ccphva.com*.

À vélo

Un grand nombre de pistes cyclables sillonnent la région du Minett, et la tendance est à la hausse. Repérez les bicyclettes Vël'Ok. Elles sont disponibles dans bon nombre de communes du sud ; les stations y sont très fréquentes. Le point fort : les vélos électriques peuvent être empruntés gratuitement. Informations sur *velok.lu*. Quiconque aime l'action enfourchera un VTT. La région offre des sentiers dans un cadre unique. Le réseau cyclable connaît aussi une expansion grandissante dans la France toute proche ; de nombreux projets – souvent transfrontaliers – sont en cours de planification.

En bus

Lorsqu'un habitant du Minett voit des bus verts, un agréable sentiment d'appartenance le submerge. Ces bus circulent dans (presque) toute la région - et appartiennent au bien connu réseau de transport public TICE. Le moyen idéal pour voyager entre les communes. Les bus circulent généralement toutes les quinze minutes pendant la journée. Bonne nouvelle pour les noctambules : des trajets sont aussi prévus tard le soir. En outre, les bus urbains et le réseau RGTR qui relie la région avec d'autres parties du pays circulent également dans le Minett. Les réseaux de bus publics les plus importants à la frontière en France sont Citéline, TGL, TIM et TED.

En train

Sur la voie du succès : la ligne 60 de la Société nationale des chemins de fer CFL traverse tout le sud du Luxembourg. L'un de ses trois embranchements va jusqu'à Audun-le-Tiche en France. L'attente n'est jamais très longue, la fréquence est élevée. Les lignes 70 et 90 relient également le sud à Luxembourg-Ville et la France voisine jusqu'à Thionville et Metz.

En voiture

Nous vous encourageons à ne pas vous déplacer en voiture. La région se découvre plus profondément et plus durablement en ayant recours à la manière douce. Avec une nouvelle perspective – et sans les embouteillages habituels sur les routes. Si vous choisissez toutefois d'utiliser votre propre véhicule, profitez de la vaste offre de P&R.

mobilitéit.lu *fluo.eu*

PERSPECTIVES

Ce qui est bien avec la vue zoomée, c'est qu'on peut observer de près des choses qui sont loin de soi. Cela vaut aussi quelque peu pour l'avenir qui se profile à l'horizon. Toute la région est sur les chapeaux de roue ; peut-être plus que jamais. L'essence même du changement est explorée tant du côté luxembourgeois que du côté français. Bon nombre d'initiatives et d'instants de convergence continueront de façonner le visage de ce paysage saisissant. Des quartiers résidentiels construits dans un esprit de durabilité succèdent à d'anciennes friches industrielles ; les axes stratégiques de l'innovation se révèlent être les hérauts d'une nouvelle ère. D'ailleurs, il nous semble entendre un « Gléck op ! » murmuré à voix basse. En guise de salutation d'Hier à Demain.

SOURCES :

37, (en haut) *archives privées*, famille Geimer, Esch ; ***48***, source de l'affiche, ANLux ; ***55***, Luxembourg Learning Centre /Cabinet d'architectes VALENTINY hvp architects (2018), Photo, Emile Hengen ; ***70***, (en haut à gauche) Celula, Archiv Gemeng Beetebuerg; ***112***, Photos, Musée National des Mines de Fer Luxembourgeoises, Rumelange
Texte : ***44***, Thierry Kruchten ; ***162–163***, Jessika Maria Rauch ; ***156–157***, ***164–165*** Thierry Kruchten

PHOTOS DES PAGES PANORAMIQUES « ZOOM URBAN ART » :

Kufa's Urban Art Esch : Natalia Rak, A.D 2117, 2017, 1, Boulevard Pierre Dupong, L-4086 Esch-sur-Alzette ; Okuda, *No borders for humans and animals*, 2017, Route de Belval, L-4050 Esch-sur-Alzette ; Julieta XLF, *Nicte-Noche*, 2018, *Fixerstuff*, 130, Rue de Luxembourg, L-4149 Esch-sur-Alzette ; Helen Bur, *Living Together*, 2018, 10, Op der Léier, L-4149 Esch-sur-Alzette ; Mika, *The Iron Age*, 2017, 59, Rue d'Audun, L-4018 Esch-sur-Alzette ; David Soner, *Luna Park*, 2021, *Schoul Aérodrome*, 15, Rue de l'Aérodrome, L-4012 Esch-sur-Alzette ; Alessandra Carloni, (sans titre), 2017, 16, Rue Pouyer Quertier, F-54190 Villerupt ; Daniel MacLloyd, *Like a fish in the sea*, 2017, *École du Brill*, Annexe Terres Rouges, L-4023 Esch-sur-Alzette ; Alain Welter, *Nature has music*, 2018, 121, Rue Jean-Pierre Bausch, L-4023 Esch-sur-Alzette ; Lisa Junius, *Magical Nature*, 2018, 13, Rue de l'école, L-4103 Esch-sur-Alzette ; Frau Isa, *With ease*, 2017, *École Brill Hiehl* – face au 108, Rue Jean-Pierre Bausch, L-4175 Esch-sur-Alzette
Les autres ouvrages sont : Alain Welter, *Break Free*, 2019, *Maison des jeunes et de la culture*, 37, Route d'Esch, L-3230 Bettembourg ; Sandra Biewers, *Herja*, 2020, *Escher Bibliothéik*, 26, Rue Emile Mayrisch, L-4240 Esch-sur-Alzette ; Alain Welter, *Five cooling Towers*, 2020, *Arcelor Mittal* Differdange

DANS LE CADRE DE
ESCH-SUR-ALZETTE
EUROPEAN CAPITAL
OF CULTURE

Avec le support de

LE GOUVERNEMENT
DU GRAND-DUCHÉ DE LUXEMBOURG
Ministère de la Culture

LUXEMBOURG
LET'S MAKE IT HAPPEN

EUROPEAN CAPITAL
OF CULTURE

LE GOUVERNEMENT
DU GRAND-DUCHÉ DE LUXEMBOURG
Ministère de l'Économie

Direction générale du tourisme

Guide zoom MINETT

Une incursion dans le sud du Luxembourg & la France voisine

1re édition 2021

Direction de la publication :
Capitale Européenne de la Culture 2022 a.s.b.l.
163, rue de Luxembourg
L-4222 Esch-sur-Alzette

Idée, conception du contenu et coordination de projet pour Esch2022 :
Thierry Kruchten et Jessika Maria Rauch
Photos : *Emile Hengen*

ISBN 978-99959-0-682-5

Titre, contenu et conception graphique :
Michel Geimer, Marie Mathieu, Jennifer Müller, Steffi Willkomm, Sabrina Notka
Rédaction : *Sabrina Notka, Marie Mathieu, Jennifer Müller, Salomé Jeko*
Coordination de projet : *Steffi Willkomm*
Layout : *Michel Geimer*
Corrections : *Nadine Pirrung, Christelle Moinier*
Traduction : *Aurore Brice*
Impression : *Imprimerie Centrale, Luxembourg*

IC PRINTED IN LUXEMBOURG

Cet ouvrage est également disponible dans les langues suivantes
Anglais *ISBN 978-99959-0-681-8*
Allemand *ISBN 978-99959-0-634-4*

CLEMENCY
1
LËNGER SCHOUL
LINGER
PÉTANGE
BASCHARAGE
RECKANGE-SUR-MESS
LIMPACH
RODANGE
LAMADELAINE
SANEM
WAGGON
FOND-DE-GRAS
2
NIEDERKORN
LA SAUVAGE
LASAUVAGE
3
DIFFERDANGE
BELVAUX-SOLEUVRE
EHLERANGE
OBERKORN
BELVAL-RÉDANGE
SCHIFF-LANGE
WAASSERBASÉNG
SCHIFFLANGE
6
4
GÎTE BIELES-RÉIDENG
BELVAUX
BELVAL-LYCÉE
BELVAL-UNIVERSITÉ
ESCH-SUR-ALZETTE
FRANCE
PUMP IT UP
ESCH-SUR-ALZETTE
5
BELGIQUE
LUXEMBOURG
ALLEMAGNE
EXTRAIT
FRANCE
0
5
km
N
O
E
S